Para os membros da Igreja Hillsong, nossa família,
e aos amigos de longa data que se colocaram ao meu
lado e ao lado de Bobbie durante todos os períodos
da vida, amor e liderança. Somos eternamente gratos.
Que o Senhor abençoe vocês, guarde vocês e faça
resplandecer o seu rosto sobre vocês...
o melhor ainda está por vir!

Sumário

BRIAN HOUSTON
FUNDADOR E PASTOR SÊNIOR GLOBAL DA IGREJA *HILLSONG*

VIVA AME LIDERE

O SEU MELHOR AINDA ESTÁ POR VIR!

Tradução de
Luís Aron de Macedo

1ª Edição

CPAD
Rio de Janeiro
2016

Título do original em inglês: *Live Love Lead - Your Best is yet to Come!*
Faith Words, New York, Boston, Nashville, EUA.
Primeira edição em inglês: 2015
Tradução: Luís Aron de Macedo

Preparação dos originais: Miquéias Nascimento
Adaptação de capa: Wagner de Almeida
Editoração: Leonardo F. Engel

CDD: 253 - Liderança
ISBN: 978-85-263-1318-7

As citações bíblicas foram extraídas da versão Almeida Revista e Corrigida, edição de 1995, da Sociedade Bíblica do Brasil, salvo indicação em contrário.

Para maiores informações sobre livros, revistas, periódicos e os últimos lançamentos da CPAD, visite nosso site: http://www.cpad.com.br

SAC — Serviço de Atendimento ao Cliente: 0800-021-7373

Casa Publicadora das Assembleias de Deus
Av. Brasil, 34.401 – Bangu – Rio de Janeiro – RJ
CEP 21.852-002

1ª edição: Abril / 2016
Tiragem: 20.000

PARTE 3
Uma Porta Estreita

PARTE 4
Um Futuro Glorioso

INTRODUÇÃO

O Melhor ainda Está por Vir

O melhor ainda está por vir.

É uma declaração para o futuro. É a minha firme convicção de que mesmo o desconhecido pode conter o maior potencial.

A vida cristã é uma vida de aventuras inesperadas. É tão exótica quanto o sertão australiano e tão cotidiana quanto uma xícara de café. Você pode começar onde você estiver. Nunca é tarde demais, mesmo que você tenha tomado atalhos e encontrado becos sem saída ao longo do caminho. Você só tem de seguir o maior Guia que já percorreu o caminho da vida: Jesus.

Viver plenamente, amar completamente e liderar ousadamente são características inconfundíveis do tempo de Jesus na terra. Quer você esteja dando passos de bebê ou passos de gigante, andando sobre as águas ou correndo no vazio, onde quer que você esteja na jornada da fé, Jesus é o melhor guia e companheiro.

Jesus viveu plenamente presente em cada momento de todos os dias. Ele deu atenção, coração e poder aos que precisavam dEle, mesmo enquanto promovia o Reino de Deus da maneira mais impressionante possível. Só Ele nos fornece um modelo de uma vida maravilhosa e ampla, plenamente vivida.

Todos nascemos com o potencial dado por Deus de mudar o mundo. Quando você segue a Cristo, tenha a confiança de que, apesar dos mistérios, contratempos e decepções que haverá, o caminho que Jesus nos conduz é um caminho cheio de vida, tanto para o mundo presente quanto para o mundo futuro.

O ponto de partida de Jesus foi tão humilde e simples quanto poderia ser. Ele veio de uma pequena comunidade de um pequeno país. Nasceu num estábulo sujo e foi marginalizado e criticado a vida inteira. Seu começo não ditou seu futuro, e nem dita o nosso. Essas são boas notícias para uma pessoa como eu. Nascido em Auckland, Nova Zelândia (um dos menores países do mundo), filho de ministros do Exército da Salvação, minha vida tem sido tão desafiadora como tem sido extremamente gratificante.

Aprendi que nem sempre é fácil encontrar o caminho, mas Jesus deu-nos boas orientações: "Entrai pela porta estreita, porque larga é a porta, e espaçoso, o caminho que conduz à perdição, e muitos são os que entram por ela; e porque estreita é a porta, e apertado, o caminho que leva à vida, e poucos há que a encontrem" (Mt 7.13,14). Esse versículo tem sido o meu roteiro durante a maior parte da vida, e oro para que, nas páginas deste livro, você encontre sabedoria e encorajamento, muitas vezes adquiridos por meio de tentativa e erro, para inspirar você ao longo do seu caminho de vida e liderança.

Todos desejamos viver uma vida plena, uma vida abundante, uma vida transbordante de propósito e paixão. Minha jornada é de ministério e igreja. A sua pode ser muito diferente. Quer você esteja na liderança da igreja, liderança nos negócios ou, como a maioria de nós, envolvido com a família e amizades que requerem tempo e atenção, essas verdades bíblicas permanecem consistentes em qualquer circunstância, desafio, geografia, tempo ou mesmo crença.

Quando fundamos a Igreja Hillsong em um galpão humilde na periferia noroeste de Sydney, eu olhava pela janela empoeirada do escritório e via as terras sem urbanização, os campos cobertos de ervas daninhas, onde alguns cavalos pastavam e um caminhão ocasionalmente se dirigia para um dos punhados de outros galpões nas proximidades. Uma igreja cheia de pessoas era a visão do meu coração, mas isso estava muito longe das 200 pessoas amáveis e desajustadas que enchiam regularmente os nossos bancos.

Desde muito jovem, eu sabia que fora chamado para edificar a igreja. No entanto, a jornada pessoal entre liderar a Igreja Hillsong e ter uma comunidade mundial saudável e próspera que é hoje me levou por um caminho sinuoso de críticas e elogios. Minha esposa Bobbie e eu experimentamos os picos das montanhas e as profundezas dos vales no empenho de edificar a casa de Deus, juntamente com a criação de uma família e a manutenção de um casamento saudável. Às vezes, tivemos de tomar decisões difíceis e ir pelo caminho menos percorrido para manter os propósitos aos quais nos sentíamos chamados. Claro que perdemos a firmeza uma ou duas vezes, mas aprendi que, para manter os olhos fixos em Jesus através dos altos e baixos da vida, temos de manter o coração focado no propósito que Ele nos deu para realizar. Pelo que você se sente chamado para fazer? E o que é que está em seu caminho?

Às vezes, nossos pés escorregam quando tentamos entrar pela porta estreita. Especialmente se tornarmos a passagem mais difícil, mais apertada e mais confinante do que o necessário. Quando permitimos que o medo e a insegurança nos ceguem momentaneamente, somos tentados a tornar a porta mais estreita do que Deus a fez. Mas não desanime. Deus sempre nos levantará e nos sustentará, se assim quisermos. Ele prometeu nunca nos deixar ou nos abandonar em nossa jornada; Ele está conosco ao longo do caminho apertado.

Como seguidores de Cristo, somos chamados para seguir seus passos, vivendo uma vida maravilhosa ao longo do caminho apertado, viajando pela porta estreita em direção a um futuro glorioso. Deus nos redime conforme seu Espírito nos transforma, tornando-nos mais semelhantes a Jesus a cada dia. Embora raramente fácil ou previsível, esse processo traz mais satisfação à nossa vida do que qualquer outra coisa na terra.

Nos capítulos que se seguem, quero explorar o que significa viver, amar e liderar como Jesus durante as voltas e reviravoltas do roteiro inspirado de acordo com Mateus 7.13,14. Em primeiro lugar, exploraremos o modo como desfrutar Uma Vida Maravilhosa antes de examinarmos formas de vencer os obstáculos ao longo de Um Caminho Estreito. Depois, consideraremos o que significa entrar por Uma Porta Estreita para que possamos fazer parte de Um Futuro Glorioso. Viver, amar e liderar como Jesus capacitará você a experimentar mais alegria, poder, propósito e paz à medida que você entregar cada passo de cada dia àquEle que conhece o começo desde o fim.

É minha firme convicção de que seguir Jesus é a única jornada na vida que vale a pena. Depois de ver a maneira como Deus muda os corações, atende às necessidades impossíveis, cura as doenças incuráveis e restaura as pessoas, estou convencido, sem a menor sombra de dúvida, de que o Senhor não nos criou para vivermos uma vida medíocre e conformada. Ele enviou seu Filho para morrer na cruz a fim de que fôssemos perdoados e tivéssemos a vida eterna, e não para que sonambulássemos pela vida enquanto esperamos o céu. A Palavra de Deus nos mostra como proceder durante as voltas e reviravoltas, bem como os inevitáveis solavancos e contusões que podemos ter. Deus tem um propósito e um plano único para você. Sua jornada de vida, amor e liderança foi elaborada no céu muito antes dos fundamentos da terra.

Sua aventura espiritual já começou, e o melhor ainda está por vir!

PARTE 1

Uma Vida Maravilhosa

CAPÍTULO UM

A Vida no Caminho da Fé

You call me out upon the waters
The great unknown, where feet may fail.
Tu me chamas para andar sobre as águas
O grande desconhecido, onde pode não dar pé.
— "Oceans", Hillsong Music, 2013

Quando você seguir Jesus, cuidado com o que sonhará. Esteja certo de que Deus excederá os limites do que você imaginar, desde que você se empenhe em promover o Reino dEle. Viver, amar e liderar como Jesus ampliará sua vida, expandirá seu coração e aprofundará sua fé. Sei por experiência própria.

Se você tivesse me conhecido há 20 anos, você não teria me nominado na categoria "mais provável para liderar um ministério global". Embora eu fosse abençoado com uma família amorosa – mamãe, papai, um irmão e três irmãs – e tivesse crescido ativamente na igreja, sentia-me muito estranho como adolescente. Eu era alto e desengonçado; estava longe de ser um aluno excelente e me distraía com muita facilidade. Quando comecei a seguir os passos de papai como pastor e líder, tive de enfrentar o medo que muitas pessoas têm de falar em público. A pressão de ser o filho de um pregador de destaque (que ninguém colocou em mim, mas eu mesmo coloquei), levou-me a ficar nervoso e inseguro, além de piscar incessantemente toda vez que tinha de falar na frente das pessoas. Eu não gaguejava, mas meus olhos sim!

Mesmo assim eu perseverei, aprendendo a descansar e confiar em Deus, pois eu acreditava que liderar era o que o Senhor havia me chamado para fazer. No fundo do coração, eu sabia que estava vivo para um propósito maior do que eu, algo mais importante do que eu poderia entender ou imaginar como jovem rapaz. Eu estava determinado que o meu frequente piscar de olhos e minha ansiedade autoimposta não iriam me impedir de fazer o que eu sabia que Deus queria que eu fizesse. Desde muito jovem, despertei para o conhecimento de que Deus queria que eu o servisse de maneira a fazer uma diferença positiva na vida das pessoas. Então, gradualmente, conforme minha fé crescia, comecei a experimentar sua revelação progressiva do que Ele me colocou nesta terra para fazer: liderar, servir e equipar a igreja.

Felizmente, fui abençoado ao receber uma parceira na vida, amor e liderança: minha adorável esposa Bobbie. Quem diria que, no verão, durante uma convenção da igreja, aquela bela jovem andando em minha direção na praia, em um maiô branco e tomando um sorvete, se importaria tanto com o ministério quanto eu? Naquela época, eu só sabia que ela era linda! E claro, ela me trouxe um sorvete. Várias décadas mais tarde, com três filhos e um número crescente de netos, nosso casamento continua a se desenvolver, porque não só nos amamos, mas também amamos a Deus em primeiro lugar. Mesmo quando decidimos nos casar há tantos anos, Bobbie e eu dividíamos o sonho de edificarmos a igreja e sermos parte de uma comunidade dinâmica de pessoas de Deus, crescendo, amando, e servindo à família delas, amigos, e todos ao redor.

Nosso sonho do que uma igreja poderia ser chegou com um enorme estrondo. Durante nosso noivado, nossa conversa constante era sobre o futuro e nosso entusiasmo em servir a Deus juntos. Na época, eu morava em uma casa com outros rapazes de nossa igreja. Bobbie e eu tínhamos saído para comer algo, quando começamos a sonhar com o futuro.

Nossa conversa continuou animada enquanto eu dirigia para casa e estacionei no topo de uma descida muito íngreme que dava na garagem de nossa vizinha, a Sra. Wilson. Bobbie e eu muitas vezes falávamos sobre o preço que estávamos dispostos a pagar para servirmos a Deus juntos. Lembro-me muito bem de ter dito a ela que talvez nunca teríamos uma casa própria ou segurança financeira, caso obedecêssemos ao chamado de Deus para nossa vida. Mesmo assim, seu entusiasmo constante me fazia amá-la ainda mais. Apanhados na emoção de tudo o que estava à frente (incluindo nosso casamento), nem percebemos quando a terra começou a mover-se embaixo de nós. Eu estava tão envolvido em nossa conversa (e, sejamos honestos, em um beijo de boa-noite) que acabei me esquecendo de acionar o freio de mão! Não sei se a Sra. Wilson acreditou quando explicamos por que havíamos batido o carro na porta da sua garagem às 2 da madrugada!

Destruidores de Sonhos

O catalisador para esse infeliz acidente continua a ecoar em todo o mundo de maneira surpreendente que nem Bobbie nem eu podíamos ter imaginado naquela noite, na frente da garagem da Sra. Wilson. Hoje, estou a ponto de embarcar num avião para falar pela primeira vez em nossa igreja recentemente plantada em Copenhague, na Dinamarca. Estou sorrindo de orelha a orelha enquanto conto a história que acabaram de me contar sobre um executivo do cinema de Los Angeles, sem igreja, que foi tão fortemente impactado em um evento recente da Hillsong UNITED (uma banda internacional de adoração que nasceu na Igreja Hillsong) no icônico anfiteatro Hollywood Bowl, que ele começou a fazer planos para que "outros experimentassem isso", ou seja, a verdade e emoção que a adoração despertou nele. Sua história é apenas uma de muitas.

A enormidade do que está à frente durante cada época da vida pode ser assustador. Mesmo assim, é importante não perder a perspectiva: nós sonhamos com estes dias! Dias em que pessoas influentes se sentariam e tomariam conhecimento do Deus vivo e do impacto de sua igreja no mundo.

Minha resposta à maneira como Deus continua a derramar seu favor na Igreja Hillsong e me usa para avançar seu Reino é uma mistura de alegria pura com total descrença. Em poucas palavras, estou impressionado! Ver a Igreja Hillsong alcançar milhões de vidas em todo o mundo é mais do que dois jovens em um velho Nissan poderiam ter sonhado. É testemunhar o poder de Deus em ação. É ver as pequenas sementes do reino que recebemos para plantar ao longo dos últimos 30 anos frutificarem. Viver a vida entregue à causa do Reino de Deus tem sido a maior aventura, e continuamos a ficar animados com o que Ele fará a seguir!

Na Austrália, falamos sobre cortar a "papoula alta", obviamente referindo-nos à flor que está mais alta do que as outras. Trata-se de uma expressão reservada para as pessoas que estão fazendo mais do que a maioria, ou alcançando o sucesso sem precedentes. Muitas vezes, políticos, artistas, atores e empresários são criticados e, embora essa tendência julgadora possa ser usada de forma injusta para rebaixá-los, também serve para não pensarmos muito bem de nós mesmos ou assumir todo o crédito. Então, deixe-me ser o primeiro a "cortar minha papoula", porque nunca me atreveria a receber o crédito por qualquer um dos empreendimentos incríveis e surpreendentes que Deus continua a fazer através da Hillsong. Estamos dispostos a servir, e somos abençoados em sermos usados junto com tantos outros ao redor do mundo que estão edificando a Igreja e divulgando as Boas-Novas do evangelho.

Se algum dia eu precisar abaixar minha papoula um pouco, só terei de lembrar como começamos. Você entenderia se pudesse ver o pequeno apartamento onde Bobbie e eu morávamos quando nos mudamos para Sydney para servir na igreja que meus pais tinham iniciado. Se você pudesse me ver lavando vitrines por dois dólares cada (cinco para as bem grandes) para fazer face às despesas, se você pudesse ver Bobbie levantar-se cedo para ajudar a montar cadeiras para nossos cultos ou pintar nuvens na parede da monótona área do ministério infantil, então você começaria a compreender o que Deus fez. Se você pudesse me ver sentado no banquinho do piano com nosso inexperiente, porém talentoso pastor de adoração, encorajando-o a escrever músicas para a igreja e liderar as pessoas em adoração. Se você pudesse ver o salão da pequena escola onde realizávamos nossos primeiros cultos antes de nos mudarmos para um galpão vago rodeado por campos na periferia noroeste de Sydney, então você ficaria maravilhado assim como nós.

Fé sem Medo de Ser Diferente

A vida hoje é muito diferente do que era quando e onde começamos. Em 1993, a Igreja Hillsong tinha apenas dez anos de idade. Sentei-me com um pedaço de papel em branco em nosso escritório em Castle Hill. Olhando pela janela para as lojas em mal estado do outro lado da estrada, escrevi estas palavras na parte superior do meu diário: "A Igreja que Vejo". Era uma declaração ousada do futuro, um velo diante de Deus e o clamor do meu coração. Era uma visão da igreja que eu ardentemente desejava pastorear. A declaração falava de ministérios internacionais, de louvores influentes e de centros de convenções e altares igualmente cheios de pessoas. Sonhei com ministérios de televisão ainda não nascidos e uma faculdade que parecia impossivelmente possível. Era uma meta de fé, e quando a compartilhei com nossa igreja num domingo de manhã, eu sabia que tinha acabado de sair do barco.

Anos mais tarde, estamos vivendo nos dias sonhados. A fé que tínhamos até então não era suficientemente grande para a profundidade da expansão e planos que Deus tinha para o nosso futuro. E o que Deus me mostrava repetidamente é que, a despeito do nível de sucesso ou da visão expansiva que temos, tudo volta para as pessoas. O coração de Deus diz respeito a pessoas. Então, quanto ao resultado, vejo honestamente que se trata muito mais do que apenas números. Quer se trate de números de frequentadores, orçamento da igreja, frequência de final de semana ou vendas de músicas, esforço-me para olhar além dos números e ver vidas transformadas. Muitas pessoas tentam reduzir a fé e os milagres a quantidades, e eu não gosto de avaliar o que Deus está fazendo apenas vendo os números. A fé não pode ser medida em metros quadrados, reais e dados de frequência. Na verdade, lembramos regularmente que a Igreja Hillsong não diz respeito a multidões, mas diz respeito a Ele. Assim como o taxista na Guatemala que, com lágrimas nos olhos, contou-nos sobre o impacto que a música da Hillsong causou em sua família desajustada. Ou a mulher na Uganda que descobriu que éramos da Austrália e disse:

— Há apenas duas coisas que sei sobre a Austrália: cangurus e Hillsong.

Ou as pessoas que encontramos nos mais estranhos lugares, desde as praias remotas da África às filas do banheiro dos maiores aeroportos do mundo, que expressam sua gratidão pelo ministério da Hillsong e o impacto que Deus causou em suas vidas através de um encontro com uma pessoa, uma canção ou uma mensagem.

É minha convicção de que a maioria das evidências do que Deus está fazendo passa despercebida e sem registro. A família que está reunida após um pai descobrir o amor de Jesus e terminar de cumprir a liberdade condicional. Os divorciados que se sentem aceitos e amados tais como são. Os viciados em drogas às ocultas que encontram a coragem de falar sobre sua luta interior para uma comunidade de crentes encorajadores. As crianças com fome que são alimentadas. As viúvas solitárias que são consoladas. Os órfãos que recebem pais. Os distanciados que são reconciliados. Os perdidos que são encontrados. Ver o modo como Deus ergue os pobres do pó e levanta os necessitados, como os coloca ao nível de príncipes, como cura os quebrantados e como chama os pecadores de justos deixa-me sem a menor dúvida de que seguir Jesus é a única maneira de viver.

Viver no caminho da fé não é um retrato pintado por números. É um retrato pintado fora dos limites do desenho, sem medo de ser diferente, pois vê com olhos diferentes do que os olhos do mundo – os olhos eternos com perspectiva eterna. O seu Pai celestial não criou você para viver uma vida de mediocridade.

Ele criou você para viver a vida no caminho da fé.

Andando sobre as Águas

Viver no caminho da fé não é necessariamente viver no caminho mais rápido. Em vez de dirigir, talvez viver no caminho da fé seja mais como nadar. Passei grande parte da vida perto das águas das grandes praias da Austrália, nadando ou desfrutando de um café em um restaurante à beira-mar. Este país queimado pelo sol é a maior ilha do mundo, o que significa que a extensão litorânea é maior do que a de outros países. Nova Zelândia, minha terra natal, também é composta por ilhas, e quando eu era menino, não havia nada que eu mais gostasse do que estar na praia, flutuar na água fria, encontrar alívio do calor do verão.

Porém viver no caminho da fé é muito mais do que apenas flutuar por aí, deixando a correnteza da vida levar você para onde quer que ela for. Viver no caminho da fé diz respeito a assumir o controle do seu futuro, ao mesmo tempo em que você depende de Jesus para dar cada passo que der, mesmo que isso signifique andar sobre as águas. Esse é o exemplo belamente descrito na música da Hillsong UNITED intitulada "Oceans", e também é o que vemos no encontro de Pedro com Jesus em uma noite tempestuosa:

> Mas, à quarta vigília da noite, dirigiu-se Jesus para eles, caminhando por cima do mar. E os discípulos, vendo-o caminhar sobre o mar, assustaram-se, dizendo: É um fantasma. E gritaram, com medo. Jesus, porém, lhes falou logo, dizendo: Tende bom ânimo, sou eu; não temais. E respondeu-lhe Pedro e disse: Senhor, se és tu, manda-me ir ter contigo por cima das águas. E ele disse: Vem.

> E Pedro, descendo do barco, andou sobre as águas para ir ter com Jesus. Mas, sentindo o vento forte, teve medo; e, começando a ir para o fundo, clamou, dizendo: Senhor, salva-me. E logo Jesus, estendendo a mão, segurou-o e disse-lhe: Homem de pequena fé, por que duvidaste? E, quando subiram para o barco, acalmou o vento. Então, aproximaram-se os que estavam no barco e adoraram-no, dizendo: És verdadeiramente o Filho de Deus. (Mt 14.25-33)

Um pescador combatente por profissão, Pedro não podia acreditar no que via, quando ele e seus companheiros discípulos levantaram os olhos e avistaram alguém pisando sobre as águas agitadas indo em direção a eles. Tinha de ser um fantasma. Não havia outra explicação. Como se já não bastasse a tempestade tormentosa, eles estavam cheios de pavor.

Então, ouviram a voz:

— Tende bom ânimo, sou eu; não temais.

A voz do Mestre ecoou como um trovão. Será...? Os discípulos perguntavam a si mesmos.

Ainda assim, Pedro queria uma prova:

— Senhor, se és Tu — gritou ele para o vento uivante —, manda-me ir ter contigo por cima das águas.

— Vem — grita Jesus de volta, sem um momento de hesitação.

E então aconteceu. Pedro saiu do barco e deu um passo. Travando os olhos nos olhos do Mestre, o pescador procurou não pensar no que estava fazendo e apenas permitiu que as pernas fizessem algo que elas faziam inúmeras vezes. Um passo, depois outro e outro.

Ele está andando sobre as águas.

Mas, daí, Pedro percebeu o vento ganhar força de novo e entrou em pânico. Talvez, ele tenha começado a pensar: Estou andando sobre as águas! Espere aí, isso é impossível! Não pode ser! E foi aí que ele começou a afundar como uma pedra.

Reme o Barco

Conheço bem a sensação de estar afundando.

Certo verão, quando eu tinha nove ou dez anos, minha família estava de férias em uma cabana à beira do lago, perto de um dos famosos lagos “sem fundo” da Ilha do Sul. Enquanto nossos pais conversavam e se descontraíam com os amigos, meu irmão mais velho e eu notamos um pequeno barco a remos na cabana ao lado da nossa e não resistimos em "tomá-lo emprestado". Veja bem, esse lago era fundo, e desde então eu pude compreender que era evidente ter ali mudanças climáticas repentinas e correntezas imprevistas. Tínhamos acabado de chegar ao outro lado quando as coisas começaram a ficar sinistras, sem falar que estávamos a meio caminho da volta quando as nuvens de tempestade vieram de montão.

Conforme o vento aumentava e a correnteza ficava mais forte, começamos a remar com mais força, embora a cabana nunca parecesse ficar mais perto. Nossos braços começaram a ficar cansados, até que o impensável aconteceu: perdi meu remo.

— E agora?! O que é que nós vamos fazer?! — gritei para o meu irmão.

— Vai buscar! — gritou de volta por cima do assobio agudo do vento. Ele era apenas dois anos mais velho do que eu, e minhas opções eram poucas, então pulei na água.

Grande erro.

Alcançar o remo foi relativamente fácil. Mas com a correnteza me empurrando para longe do barco e um remo na mão, meus braços estavam cansados de remar, e aquela chuva forte que ardia fria no meu rosto. Comecei a perder o fôlego.

Vi, então, meu irmão nadando em minha direção. Ele era tão louco quanto eu! Pelo menos, ele veio me buscar, talvez se sentindo responsável (ou então culpado) por ter me mandado entrar na água. Enquanto nadava cada vez mais perto de mim, eu me perguntava como ele ia nos salvar. A correnteza não nos puxaria para baixo?

Mas meu irmão tinha um truque na manga – literalmente. Ele amarrara a corda do barco em seu braço. Então, ele me agarrou e começamos a puxar a corda, arrastando o barco cada vez mais perto até podermos entrar nele de volta.

No momento em que chegamos de volta à costa para enfrentar o castigo de nossos pais, a tempestade já havia desaparecido, e eu ganhara um novo respeito por aquilo que Pedro e os outros discípulos devem ter enfrentado nas águas naquela noite.

Não consigo imaginar andar sobre a superfície em constante mudança. Já é impossível se a superfície do lago estivesse calma. Mas em uma tempestade? Além do impossível. A menos que você tenha fé. O tipo de fé que Pedro teve durante aqueles momentos em que obedeceu à ordem do Senhor. O tipo de fé que ele teve antes de começar a pensar por que não podia fazer o que estava fazendo. O tipo de fé que você tem quando está vivendo no caminho da fé.

O que está à sua frente agora que parece impossível? Qual é a tarefa que está no "meio da tempestade", quando você terá de "andar sobre as águas", que faz você se sentir imediatamente apavorado e incrivelmente com medo? Em algum momento, todos precisamos de fé para dar o passo para fora do barco.

Passo para o Grande Desconhecido

Muitas vezes fracassamos por ficarmos presos em nosso entendimento, emaranhados por nossos pensamentos, atolados em especulações e probabilidades, empenhando-nos em fazer a vida funcionar, seja de que maneira for. Queremos andar sobre as águas. O problema é que insistimos em andar sobre as águas conforme o nosso poder. Se colocarmos a confiança em outra coisa, como tecnologia para controlar o clima, dinheiro para comprar um barco maior ou um colete salva-vidas "em caso de necessidade", então, talvez, possamos conseguir. Mas não poderemos! No momento em que pensamos que podemos é quando tiramos nossos olhos de Jesus e começamos a afundar!

A vida é uma viagem, um caminho sinuoso cheio de muitas incógnitas. Só é possível navegar por causa do poder e da graça de Deus. Talvez você se veja nesta história: Foi no final de 2012, quando Taya Smith, uma de nossas jovens e talentosas líderes de adoração e integrante da Hillsong UNITED, era apenas mais um rosto na multidão. Sua habilidade para cantar passou despercebida no âmbito de nossa igreja, porém Taya serviu fielmente nos bastidores de nosso ministério entre jovens.

Taya trabalhava no comércio e foi forçada, por causa de um período sem tirar férias, a tirar alguns dias de folga, durante os quais ela planejara visitar sua família no interior do Novo País de Gales, distrito sudeste da Austrália. Mas ela esperara muito tempo para comprar a passagem de avião, e agora os voos estavam muito caros. Então, Taya ficou presa em Sydney com uma semana de férias, que era a mesma semana em que a nossa igreja estava gravando o CD Glorious Ruins. Ela foi à igreja domingo à noite e ouviu quando pediram que todos "estivessem preparados para ficar pulando" no final da gravação, caso houvesse tempo, e se juntassem ao resto da nossa banda de jovens Young and Free. Naquela noite, ela cantou intensamente, e meu filho, Joel Houston, ficou só observando.

Na manhã da terça-feira seguinte, Taya acordou com uma mensagem na secretária. Era Mike Chislett, produtor da Hillsong UNITED, perguntando se ela poderia ir ao estúdio para fazer alguns backing vocals para o novo projeto da UNITED. Taya não tinha carteira de motorista. Por isso, durante dois dias seguidos, ela pegou vários ônibus e trens de sua casa, no sul de Sydney, e depois foi de skate da estação de trem para o estúdio da UNITED, em North Rocks, subúrbio de Sydney. Levou cerca de uma hora e meia em cada sentido. Foi durante esses dois dias que Joel lhe deu uma nova música para ela aprender, e Taya gravou "Oceans".

Conta a história que, assim que ela terminou a primeira tomada, ela virou-se para os rapazes e nervosamente disse:

— Posso fazer melhor.

Surpresos, responderam:

— Mas já ficou muito bom.

(Se você já ouviu Taya cantar, então sabe quanto sentimento e paixão ela coloca em tudo o que faz).

Gosto do modo como Taya conta a viagem de ônibus de volta para casa naquela noite, quando recordou a oração que fizera apenas duas semanas antes. Ela pediu a Deus que abrisse ou fechasse a porta da oportunidade de cantar profissionalmente e sentiu o Senhor dizer a ela que colocasse esse sonho de lado para entrar no grande desconhecido. O resto é história. A história de Taya é como tantas. A moça deu um passo, Deus entrou no caminho de seus planos, ela escolheu ir ao culto em vez de fazer o que era cômodo, e sua vida hoje é um testemunho da sua fé e da fidelidade de Deus, quando confiamos a Ele os detalhes desconhecidos de nossa vida.

Se você quiser viver, amar e liderar como Jesus, então não haverá outro lugar para viver, a não ser no caminho da fé. Para descobrir o plano de Deus para você, você precisará entrar no grande desconhecido, arriscando tudo o que tem. Se você sair do barco e seguir o som da voz de Deus, você dará passos que nunca pensou ser possível.

Você começará uma viagem de mistérios, uma excursão para destinos de Deus ainda não especificados. Você começará a viver com a possibilidade de confiar em Deus para fazer o que parece impossível. Você se verá desafiado, animado, experimentado e testado. Você poderá até andar sobre as águas.

Essa é a vida no caminho da fé!

CAPÍTULO DOIS

Seguro de si

Here I am down on my knees again

Surrendering all.

Aqui estou de joelhos outra vez

Entregando tudo.

— *"I Surrender", Hillsong Music, 2012*

Gosto das manhãs em minha casa em Sydney quando tenho tempo de sobra para me levantar e fazer coisas. Quando acordo nesses dias, geralmente é bastante cedo, de modo que procuro andar no escuro na vã tentativa de não acordar Bobbie. Com cara de sono e ainda não vendo com clareza, minha rotina é tão conhecida que não tenho de pensar. Encontro minha camiseta Nike, o calção de basquete, o tênis de corrida e meu velho boné favorito (assim não preciso pentear o cabelo). Ainda que os outros itens possam ter sido confiscados pela minha esposa para pôr no cesto de roupa, uso o mesmo boné todos os dias.

Depois de me vestir, escapulo pela porta para tomar o primeiro café da manhã na cafeteria Tuck, a poucos quarteirões de casa. O ar ainda está frio antes de o sol arder pelo céu australiano. Junto com um punhado de outros madrugadores, chego à cafeteria e me sento em uma pequena mesa de canto, dou um gole em meu café e medito sobre o dia.

Essas manhãs de preparação lentas e caseiras são as minhas preferidas, porque posso usar minhas roupas favoritas e mais confortáveis. É engraçado, porque se me deparo com alguém que conheço, a pessoa pergunta:

— Esteve se exercitando? — Ou:

— Estava boa a corrida?

Então, tenho de confessar:

— Não, eram as roupas mais fáceis de vestir!

Mas minhas roupas me motivam de vez em quando a fazer uma corrida (muito lenta) pelo bairro – onde há vida, há esperança – antes de tomar banho e dar prosseguimento aos rigores do dia. Predominantemente, elas só me fazem me sentir bem. Se eu pudesse, só usaria essas roupas!

Serve como uma Luva

Você deve ter coisas especiais que se tornaram itens preferidos ao longo dos anos: um jeans velho, uma jaqueta de couro, uma camiseta ou o vestido do primeiro encontro. Essas roupas não só servem como uma luva, como também são muito confortáveis. Você se sente bem quando as veste.

Você não gostaria que sua vida fizesse você se sentir tão confortável quanto você se sente quando veste suas roupas preferidas? Não gostaria de se sentir tão seguro de si mesmo assim como você se sente quando usa seu jeans preferido? Não gostaria que sua vida expressasse o alinhamento de quem você é com quem Deus quer que você seja?

Estou convencido de que todos nós desejamos esse tipo de vida. Vemos essa vida mostrada por indivíduos que descobrem sua vocação, abraçam-na totalmente e destacam-se em níveis acima da média. As pessoas que vivem nesse ritmo gracioso, que combina paixão, talentos, habilidades e oportunidades, destacam-se. Admiramos suas realizações e somos inspirados por suas contribuições aos outros, pela forma como gostam de viver a vida e o fazem com graça aparentemente sem esforço.

Embora encontremos essas pessoas em todos os campos e ramos de atividade, percebo essa qualidade especial em meus atletas favoritos. Os melhores desportistas, sejam eles da Associação Nacional de Basquete (NBA) ou da Liga Nacional de Futebol (NFL) americanas ou do esporte australiano de sua escolha, reconhecem seus pontos fortes e os exploram nos esportes. Como fã dedicado em um país que gosta de esportes como a Austrália, fico maravilhado ao ver um atleta talentoso no ápice do seu jogo. Observá-los driblar e marcar gols, arremessar a bola para um bloqueio crucial ou bater docemente na bola para que vá à parte exterior do campo revela um ritmo e equilíbrio para os movimentos, um talento intuitivo que é aguçado pela estratégia e improvisação. Para você, talvez seja ver seu ator preferido interpretar ou cantor preferido cantar, ou ver um professor talentoso em plena sala de aula, ou um perito na arte esculpindo uma escultura, ou alguém no púlpito ensinando com uma facilidade que arrebata o coração das pessoas. Observamos o mesmo tipo de desempenho em praticamente qualquer pessoa que se destaca em um nível que combine talento natural, paixão extrema, formação profissional e sabedoria adquirida a partir de inúmeras horas de experiência.

No livro Fora de Série (Editora Sextante), Malcolm Gladwell afirma que são necessárias 10 mil horas de treino, desempenho, exercício e mais treino para alguém se transformar em uma daquelas pessoas fenomenais que se tornam ícones em seu campo desportivo. Talvez você não tenha dedicado 10 mil horas em um empreendimento especial, ou mesmo descobriu qual é sua verdadeira vocação, porém você já passou muito mais tempo estudando a si mesmo. Você sabe que deseja mais propósito e uma satisfação mais profunda na vida. Você deseja o maravilhoso, amplo e espaçoso tipo de vida que Jesus veio trazer.

Sobrecarregado

Recentemente, Bobbie e eu estávamos viajando de carro, a uma hora de distância do nosso destino. Conversamos sobre vários assuntos – nossos filhos e netos, as pessoas da igreja – até cairmos no silêncio confortável que você desfruta com alguém a quem você ama por longo tempo. Então, saindo do silêncio, Bobbie virou-se para mim subitamente e disse:

— Você já se sentiu sobrecarregado?

Claro que ela estava pensando na Conferência de Mulheres que ela dá todos os anos. Impulsionada pelo Espírito de Deus para criar uma conferência que focasse o quanto Ele ama e valoriza todas as mulheres, Bobbie tem visto a Conferência de Mulheres crescer e tornar-se um evento internacional que atrai milhares de mulheres de todo o mundo. Sabendo que a conferência deste ano estava se aproximando, juntamente com muitas outras pessoas e as preocupações que faziam malabarismos em seu coração, eu sabia exatamente de onde vinha sua pergunta. Assim que perguntou, respondi sem hesitar:

— O tempo todo.

Para ser honesto, não me lembro de um momento em que não nos sentíssemos estar andando em terreno desconhecido. Quando éramos jovens, não tínhamos os recursos ou a experiência para nos sentirmos confiantes com o que estávamos fazendo, de modo que tivemos de confiar em Deus a cada dia. Depois, com o decorrer dos anos, nossa família e a família da igreja começaram a aumentar e desenvolver-se, e isso sempre nos manteve alertas, improvisando pela graça de Deus, olhando para Ele em busca de orientação, provisão e proteção.

Conforme Ele nos confiava mais responsabilidades e recursos, mais nos sentíamos sobrecarregados. Jamais poderíamos fazer sozinhos o que fazemos, nem mesmo com as milhares de pessoas incrivelmente talentosas que se juntaram a nós no avanço do Reino. Porém Deus continua a chamar-nos, e nós continuamos a responder e agir pelo impulso do seu Espírito. Ele tem sido mais do que fiel em fornecer tudo o que precisamos e muito mais. Mas isso nunca aconteceu através do nosso poder, talentos, habilidades ou influência.

Talvez você também se sinta sobrecarregado. Talvez se sinta numa armadilha, preso em um ciclo de tarefas a fazer, contas a pagar e prazos a cumprir, sem horas suficientes no dia. A vida está cheia de momentos de sobrecarga, principalmente para quem quer fazer algo de útil com a vida e viver com um senso de propósito. As pessoas procuram respostas ocupando-se com atividades que acabam com suas energias e as deixam com tremenda falta de motivação... no entanto, há uma maneira melhor de viver.

A Bíblia tem muito a dizer sobre viver na graça, que é andar e viver no favor imerecido de um Deus bondoso e misericordioso. A Palavra de Deus está cheia de personagens que sentiam estar andando em terreno desconhecido. Sentiam-se, por vezes, inadequados para a tarefa colocada diante deles. Homens e mulheres sobrecarregados pelo objetivo definido para eles e pelo chamado que Deus colocou para a vida deles. Pessoas como Mefibosete, que era um estranho na casa de um rei. Moisés, que tinha dificuldade para falar. Davi, que era apenas um menino pastor. Até mesmo a prostituta chamada Raabe, que recebeu a proposta de trair seu povo para salvar sua família e confiar em um Deus que ela mal conhecia.

Repetidamente, pouco importando quem sejam, todos se sentiram sobrecarregados. Entretanto, Deus lhes deu graça suficiente para cumprir o seu propósito e chamada original. Tenho de crer que Ele faz o mesmo por você e por mim hoje. Quando o apóstolo Paulo pediu a

Deus que removesse seu "espinho na carne", uma luta recorrente, Deus respondeu-lhe, dizendo: "A minha graça te basta, porque o meu poder se aperfeiçoa na fraqueza", que, por sua vez, levou Paulo a escrever: "De boa vontade, pois, me gloriarei nas minhas fraquezas, para que em mim habite o poder de Cristo" (2Co 12.9).

Sua Medida da Graça

Enquanto a história de cada pessoa na Bíblia nos dá pistas sobre como viver no conforto da graça divina, o apóstolo Paulo fala diretamente. Em quase todas as cartas que escreveu, quer aos Romanos, Efésios, Colossenses ou outras, ele começa apresentando-se no contexto da graça. Em cada caso, Paulo exala uma confiança clara e força natural, uma verdadeira tranquilidade consigo mesmo. Ele escapou de suas limitações e passou a concentrar-se no que foi chamado para fazer, confiando no poder de Deus para realizá-lo.

Observe como ele começa a carta aos Efésios: "Paulo, apóstolo de Jesus Cristo, pela vontade de Deus, aos santos que estão em Éfeso" (Ef 1.1). Parece um modo natural de começar uma carta, eu suponho, mas se você considerá-la detalhadamente, verá que a confiança de Paulo brilha. Paulo diz basicamente: "Paulo [este sou eu], apóstolo [isto é o que faço] de Jesus Cristo [é para este que faço], pela vontade de Deus [este é a minha autoridade], aos santos que estão em Éfeso [este é o meu público]". Em uma breve frase, Paulo revelou toda a sua medida da graça!

Paulo tinha claramente confiança no que ele estava fazendo. Sentia-se confortável com sua chamada, apesar dos desafios, que eram muitos, confortável com a forma como Deus havia exclusivamente dispensado graça em sua vida. Quando forçado a defender seu ministério e a base para a autoridade de Deus, Paulo dá a melhor definição desta medida única da graça que cada um de nós recebe. Ele escreveu: "Porque não ousamos classificar-nos ou comparar-nos com alguns que se louvam a si mesmos; mas esses que se medem a si mesmos e se comparam consigo mesmos estão sem entendimento. Porém não nos gloriaremos fora de medida, mas conforme a reta medida que Deus nos deu, para chegarmos até vós" (2Co 10.12,13). Paulo deixa claro que não é sensato compararmo-nos ou avaliarmo-nos com base em nossos padrões ou nos padrões dos outros. Só podemos operar dentro da medida do serviço que o próprio Deus nos designou. Sempre que você viver a vida fazendo comparações, você acabará sentindo insatisfação, inveja, ressentimento, ciúme e amargura. A grama do vizinho sempre parecerá mais verde que a sua. Você sempre encontrará alguém fazendo algo melhor que você, tendo mais sucesso que você, curtindo a vida mais que você, ganhando mais dinheiro que você.

Porém, se você entender o que Paulo quer dizer e observar como ele viveu a vida, então é claro que a confiança e a segurança de Paulo vinham de ele viver dentro dessa esfera, dessa medida da graça que Deus lhe dera.

Lembro-me nitidamente da primeira viagem ministerial que Bobbie e eu fizemos aos Estados Unidos. Fomos convidados a falar em uma conferência na Costa Oeste, e Bobbie e eu estávamos nos sentindo um tanto quanto inseguros, porque era a primeira vez que ministrávamos nos Estados Unidos. Tínhamos ouvido algumas coisas sobre o ministério nos Estados Unidos, como "esposas de pastores só usam saias" e nenhum dos palestrantes ali usava rabo de cavalo, como eu usava. Chegamos nos sentindo um pouco sensíveis com nossos "australianismos", e lembro-me de ficar sentado e ouvindo os outros palestrantes da conferência falarem de forma tão eloquente, ensinando-nos com seu sotaque americano polido, e pensando comigo mesmo: O que é que EU estou fazendo aqui?! No entanto, foram as palavras de um dos nossos bons amigos no ministério que me trouxeram de volta à realidade. Quando me levantei para falar, ele me deu um tapinha nas costas e disse:

— Brian, basta ser você mesmo. Seja australiano, porque é por isso que amamos você! Podemos ficar muito distraídos com nossas inseguranças, tentando nos encaixar nos termos das expectativas das outras pessoas e colocando pressão em nós mesmos para ser alguém diferente do que somos. Até hoje, embora eu esteja plenamente à vontade e confiante com quem eu sou, ainda há momentos em que me sinto momentaneamente andando em terreno desconhecido. Mas, como Oscar Wilde teria dito: "Seja você mesmo. Todas as outras personalidades já têm dono".

Ao viver a sua medida especial da graça, Paulo realizou coisas incríveis para o Reino de Deus. Ele alcançou a maior parte do mundo conhecido existente em seu tempo com as Boas-Novas do evangelho. Escreveu cartas de verdades reveladas pelo Espírito de Deus para informar, instruir e inspirar gerações de leitores e crentes. Enfrentou o perigo e derrotou a morte em muitas ocasiões, além de ser calmo e centrado no meio de tempestades, naufrágios, multidões hostis e motins nas prisões.

Paulo repetidamente deixa claro que ele não é o responsável pela vida baseada na graça que ele estava vivendo, pois só o seu relacionamento com Deus através do poder de Cristo alimentava sua confiança e contentamento.

Abençoado para o Sucesso

Quando você vive dentro dos parâmetros de sua graça especial, então a vida é livre e expansiva. Você para de comparar e começa a apreciar. A vida abundante que Jesus veio nos trazer liberta cada um de nós dos limites da cultura, competição e comparação. Podemos ser generosos, inclusivos e cheios da graça, desfrutando o cumprimento do nosso propósito ao amar os outros da mesma forma que somos amados. Quando vivemos pelo favor livre e imerecido de Deus, descobrimos que sua graça é abrangente e toda-suficiente. Através do poder da sua graça, Deus pode transformar o mais devastador pecado ou fracasso em nossas vidas. Sua graça fornece a resposta para todos os problemas, o caminho através dos obstáculos, o poder que nos capacita a fazer o que não temos poder para fazer.

Quando você está vivendo a vida plena, abundante e ampla para a qual você foi feito, tudo o que você fizer será caracterizado por paixão, propósito, perspectiva e paz. Você ficará animado por acordar todas as manhãs, ansioso para sair da cama e continuar com o dia que o Senhor fez e pôs diante de você. Trabalho árduo e obstáculos inesperados não intimidarão ou frustrarão você por muito tempo, porque você sabe que está fazendo o que foi feito para fazer, está sendo você mesmo da maneira mais autêntica, libertado pela graça de Deus.

Assim como Paulo personalizou a graça que ele recebera, você deve aceitar a graça que Deus deu para você. Quando você vive dentro da sua medida da graça, quando você perde as limitações de viver à altura das expectativas de outra pessoa, então você se sente confortável consigo mesmo e com a vida de uma forma semelhante quando veste suas roupas preferidas.

Deus repartiu a cada um de nós uma medida da graça. Essa medida é tudo o que você precisa para cumprir o propósito de Deus para sua vida. Pode soar um pouco forçado ou simplista, mas cada um de nós nasce com aptidões exclusivamente adaptadas e habilidades latentes, talhadas individualmente para o nosso propósito único na vida. Descobrir esse fato e viver nesse poder é o que libertará você para uma grande e expansiva vida — uma vida que você, talvez, só sonha, que você acha que é apenas para os sortudos. A chave para o futuro que você espera encontra-se em ser fiel com a medida que Deus deu para você.

Essa medida pessoal da graça de Deus dá autoridade e estabilidade para você. Ela não se baseia em quem você é, no que os outros pensam que você é ou em seu desempenho. Quer você seja uma dona-de-casa, um líder empresarial, um artista ou um comerciante, ou um pouco de tudo isso, se você está vivendo o que Deus agraciou você para fazer, então você tem o seu apoio, suporte, recursos e favor. Você passou pelo portal do talvez e entrou no vasto deserto da maravilha! Seguro de si é como Deus quer que você viva a vida.

CAPÍTULO TRÊS

Confiantes no Chamado

I'm caught in the rhythms of grace, they overcome all of my ways
realigning each step every day to live for Your glory.
Estou capturado nos ritmos da graça, eles vencem todos os meus modos de ser
realinhando cada passo a cada dia para viver para a tua glória.
— "Rhythms of Grace", Hillsong Music, 2011

Quando nossos filhos eram jovens e ainda estavam em casa, gostávamos de aproveitar toda oportunidade que tínhamos para ir à nossa pequena cabana nas belas margens do rio Hawkesbury. Além de ser perfeitamente pitoresco, era também o local ideal para esportes aquáticos e fazer coisas que a garotada gosta de fazer. Andávamos de esqui-aquático, fazíamos wakeboard e pegávamos um bronze antes de curtir as agradáveis noites de verão no terraço: matando mosquitos, sendo incomodados por pernilongos e enchendo o ar da noite com brincadeiras familiares amistosas.

Éramos acompanhados sempre por nossos dois fiéis cães, os golden retrievers Jack e Moses. Eles corriam por horas ao longo das margens pantanosas, perseguindo todos os barcos que passavam na água. Todos os nossos vizinhos conheciam nossos cães e (quase todos) se divertiam com eles.

Quando não estavam na água ou latindo atrás dos barcos, os cães se dedicavam a outro passatempo favorito: procurar coelhos, cobras, lagartos e qualquer coisa que se movesse sobre a terra.

Eu sempre ficava impressionado com a mudança no comportamento lento e desinteressado do velho Jack toda vez que ele caçava um daqueles enormes lagartos australianos. Era como se um espírito diferente o possuísse. Com a velocidade de um filhote de cachorro novo, ele pegava com a boca o lagarto condenado e o agitava tão violentamente que o pescoço quebrava em um instante. Cheio de orgulho, Jack depositava seu troféu sem vida aos meus pés, embora não fosse exatamente algo que eu quisesse ver.

Acho que eu não deveria ter ficado tão surpreso. Nascido para ser um cão de caça, Jack estava fazendo o que ele foi criado para fazer. Estava fazendo o que lhe era natural, mesmo que ninguém lhe tivesse dito como fazer.

Que triste dia foi anos mais tarde, quando nos levantamos bem cedo na cabana e encontramos o velho Jack boiando no rio. Ele era um forte nadador. Por isso, Bobbie e eu ficamos imaginando o que teria acontecido. Será que ele foi atingido por um barco? Será que teve um ataque cardíaco quando tentava atravessar a nado? Será que Moses, seu amigo de longa data, pulou em suas costas nas águas profundas e, acidentalmente, o afogou? Isso nunca saberemos.

Enterramos Jack ao lado de um dos enormes pinheiros, onde ele gostava de latir por horas. Era um belo e calmo cão de família, e nunca me esquecerei de como ele entrava em ação toda vez que via um lagarto. Sejam quais forem as circunstâncias pelas quais ele passou, sei que ele viveu uma vida plena fazendo o que nasceu para fazer.

Descobrindo sua Graça Exclusiva

Infelizmente, muitos de nós não estamos tão seguros de nós mesmos quanto claramente estava meu velho amigo Jack. Muitas pessoas vivem a vida inteira e nunca se sentem confiantes de quem Deus quer que elas sejam.

Gideão lutou com esta realidade. Ele era, na verdade, um homem com quem todos podemos nos identificar. Deus já pediu que você fizesse algo que parecia impossível? Você já se escondeu de uma tarefa que lhe foi proposta, inventou desculpas desesperadas para livrar-se de algo que era inevitável ou para o qual você se sentia inadequado e mal preparado? Bem, Gideão sim. Exatamente como os sentimentos sobre os quais falamos no Capítulo 2, ele estava sobrecarregado. Deixe-me contextualizar. Em Juízes 6, lemos que Gideão, guerreiro e membro do exército que lutava contra os midianitas, estava escondido em um lagar, encolhido de medo do inimigo, quando um anjo do Senhor lhe apareceu e disse: "O Senhor é contigo, poderoso homem de valor!" (Jz 6.12, NKJV).* Poderoso homem? Sei! No que será que o anjo estava pensando?! Certamente se equivocara, pois entregou a mensagem para a pessoa errada. Gideão, o covarde, um poderoso homem? Um homem de valor?

Poderoso indica poder ou força superior, e valor fala de ousadia, bravura e coragem em face de grande perigo. Quando você imagina um "varão valoroso", o que lhe vem à mente? Talvez, um soldado alto, forte e destemido, que deixa as mulheres moles das pernas e faz os guerreiros tremerem. No entanto, o assim chamado varão valoroso, que tremeu diante do impressionante mensageiro angelical de Deus, era um combatente covarde, confuso e derrotado, escondendo o pouco que tinha daqueles com quem teria de dividir.

No momento em que o anjo declarou a Gideão o que ele não via em si mesmo, dúvidas e desculpas foram levantadas. A resposta imediata de Gideão ao anjo está no versículo 13: "Ai, senhor meu, se o Senhor é conosco, por que tudo isto nos sobreveio? E que é feito de todas as suas maravilhas que nossos pais nos contaram, dizendo: Não nos fez o Senhor subir do Egito? Porém, agora, o Senhor nos desamparou e nos deu na mão dos midianitas".

"Ai, se, por que, onde, porém!", confessou ele de um fôlego só. Isso soa familiar?

Veja bem, nos dias de Gideão, o povo de Israel não estava exatamente vivenciando a terra prometida que lhes fora destinada. A desobediência repetida levou a terra a ser invadida por inimigos. Outras tribos estavam destruindo, tomando o que não era delas e aterrorizando o povo de Gideão. Não é de admirar que Gideão tenha levado o trigo para o lagar, um lugar onde ninguém o encontraria. Deus, no entanto, o encontrou.

Consegue imaginar a cena? Gideão estava sobrecarregado pelas circunstâncias e sentimentos de inadequação. Contudo, ali estava o ser angelical de outro mundo falando coisas que devem ter soado ridículas aos ouvidos de Gideão. Consegue imaginar como ele deve ter se sentido? Mas alguma coisa no interior de Gideão agitou-se, algo dado como morto... era a esperança. Ele vivia derrotado pelas circunstâncias e de-

* **N. do T.:** Conforme tradução da New King James Version (NKJV): "The Lord is with you, Mighty man of Valor!", usada no original pelo autor.

sistira de toda esperança do sonho que seus antepassados transmitiram através das gerações. Então, o Senhor virou-se para ele e disse: "Vai nesta tua força e livrarás a Israel da mão dos midianitas; porventura, não te enviei eu?" (Jz 6.14).

Poder? Força? O que será que Deus via que ele não via? Sabia que você também tem força? Você é mais rápido que Gideão para reconhecer os pontos fortes dados por Deus, ou você sempre está desprezando as mesmas coisas – talentos, dons, atributos – que Deus quer que você use? Quem Deus diz que você é, e o que Ele chamou você para fazer? A chave para viver uma vida de propósito é poder responder essas perguntas. Muito parecidos com Gideão, precisamos descobrir um senso de propósito, um espírito de superação e a fé em um Deus que nos chama pelo nome e que dotou cada um de nós com forças individuais.

Assim como Paulo em 2 Coríntios, temos de estar vivendo confortavelmente dentro dos limites da graça que Cristo nos concedeu exclusivamente, a fim de avançarmos com a futura promessa e propósito que Ele tem para nossa vida.

Fundamentado na Graça

Eu tinha cinco anos quando tomei a decisão de aceitar Jesus como meu Senhor e Salvador. Como já contei anteriormente, desde que me lembro, tudo o que eu queria fazer era pastorear uma igreja e fazer parte da edificação do Reino de Deus. Depois que terminei a escola, fui à faculdade bíblica e, em seguida, comecei a servir na igreja local onde quer que eu pudesse. Hoje, com mais de 40 anos de ministério, estou vivendo o meu sonho, e a paixão de servir a Deus arde cada vez mais forte do que nunca. Entretanto, nem sempre vivi no conhecimento ou no entendimento de minha esfera designada, entendendo meus pontos fortes, aceitando meus pontos fracos e descobrindo minha zona da graça. Houve muitas ocasiões em que seriamente me questionei e duvidei se poderia mesmo fazer as coisas que eu desejava.

Olhar para si mesmo em comparação ao tamanho do seu sonho pode ser mais do que você possa lidar. A verdade é que os planos que Deus tem para você são sempre maiores do que você é, e nunca serão algo que você pode levar a cabo facilmente e por força própria.

Ainda me lembro de quando estava na faculdade bíblica aos 18 anos de idade. Houve uma ocasião em que cada estudante tinha de dar uma pequena palestra devocional para os outros estudantes, talvez 60 ou 70 pessoas. O momento chegou para eu falar, e até hoje me lembro de ter deliberadamente saído pela porta, entrado em meu carro e dirigido na direção oposta, só para não ter de falar na frente deles!

Ninguém teria reconhecido ou mesmo adivinhado que, já nos primórdios de minha vida, eu tinha o talento da liderança. Nunca liderei ninguém, nem fui capitão de time nenhum e nem fiquei diante de uma multidão. Hoje, estou regularmente perante grandes multidões de pessoas em grandes auditórios, entregando confortavelmente uma mensagem de 40 minutos. Mas nem sempre foi assim! Foi quando me tornei seguro de mim mesmo, quando ouvi o que Deus tinha a dizer sobre mim, que pude me meter em tudo o que Deus tinha para mim. Foi então que descobri a verdade inabalável de que você nunca estará em segundo lugar se colocar Deus em primeiro lugar.

Permaneço convencido de que Deus dá a cada um de nós a graça que nos pertence, uma medida especial de bênçãos que se alinham exatamente com os propósitos divinos para nossa vida. Infelizmente, levou mais tempo do que deveria para eu descobrir minha zona da graça. Contudo, percebo que nunca é tarde demais para começar a viver nesse âmbito da realidade. Deus sempre vê mais em nós do que vemos em nós mesmos.

Da mesma forma, você nunca cumprirá o propósito de Deus para sua vida se olhar para fora de si mesmo. Se você se concentrar no que as pessoas são, no que estão fazendo e em tudo o que têm, então você passa a fazer comparações consigo mesmo e se decepcionar. Deus não chamou você para ser a imitação de outra pessoa. Se você procura tornar-se o que os outros querem que você seja, mesmo quando são bem-intencionadas e amam você, então você permanecerá inseguro porque você não estará sendo o verdadeiro você. Conhecer a medida da graça que Deus deu a você significa que você não tem de ser outra pessoa. Isso é tão libertador! Você não precisa atingir um marco importante ou ganhar um prêmio para se sentir autoconfiante. Você apenas tem de ser fiel com a medida da graça que Deus lhe deu. Fidelidade significa agarrar-se ao seu propósito e confiar na bondade de Deus em meio a todos os pontos culminantes, celebrações e topos das montanhas, bem como nas tribulações, tentações e tragédias que a vida lança sobre você. Isso sim é crescer fundamentado na graça.

Descobrindo o seu VOCÊ Único

Deus não é esquizofrênico. Ele não criou você de uma maneira para usá-lo de outra. Ele sabia exatamente o que tinha em mente para o futuro quando ele formou você. Sua Palavra nos dá um vislumbre da maneira como Deus criou cada um de nós individualmente, para atuar na esfera ou medida com a qual Ele nos encarregou exclusivamente:

> "Porque, pela graça que me é dada, digo a cada um dentre vós que não saiba mais do que convém saber, mas que saiba com temperança, conforme a medida da fé que Deus repartiu a cada um. Porque assim como em um corpo temos muitos membros, e nem todos os membros têm a mesma operação, assim nós, que somos muitos, somos um só corpo em Cristo, mas individualmente somos membros uns dos outros. De modo que, tendo diferentes dons, segundo a graça que nos é dada: se é profecia, seja ela segundo a medida da fé" (Rm 12.3-6).

Quais são os seus pontos fortes? Consegue identificar os dons exclusivos que estão na sua vida? Pergunto isso porque eles existem, quer você os reconheça ou não. Lembro-me nitidamente de uma conversa que ocorreu com um homem que tinha procurado aconselhamento em nossa igreja. Ele estava no escritório sentado, oprimido e com um sentimento esmagador de desespero. Depois de uma série de infortúnios, sua autoestima estava na sarjeta, e ele estava certo de que a vida não tinha propósito. Ele criou mentalmente uma longa lista de coisas em que ele fracassara na vida, e as coisas que ele não podia fazer.

Por fim, o conselheiro lhe disse:

— Que tal fazer uma lista de coisas que você pode fazer?

Relutantemente e depois de muita hesitação, ele disse:

— Bem, eu sei consertar carros, acho.

Depois de mais alguns momentos, ele contou que era bom em ajudar o pai e a mãe e era muito competente em casa. Continuou em voz alta, quando recordou sua capacidade de fazer as pessoas rir, de cozinhar e de trabalhar no jardim. Em meia hora, ele havia criado uma longa lista de coisas que ele podia fazer, e sua atitude mudara. Saiu do escritório uma pessoa diferente naquele dia, confiante na força que tinha e no conjunto exclusivo de habilidades que lhe fora dado.

Veja bem, é fácil encher a mente com o que você não tem e perder de vista o que Deus pode fazer com o que você tem.

Há pessoas que são exclusivamente agraciadas para os negócios, outras para o ministério cristão ou para a maternidade, e a lista continua! Talvez você seja agraciado com o dom da generosidade ou o dom da compaixão, que é o coração que se quebranta pelos feridos e necessitados. Que belo dom para se ter! A Bíblia diz: "Cada um administre aos outros o dom como o recebeu, como bons despenseiros da multiforme graça de Deus" (1 Pe 4.10). Aqui, multiforme significa literalmente "múltiplos" ou "muitas camadas", a graça "multidimensional" de Deus.

Quer você seja agraciado com o dom da liderança, o dom do atletismo ou o dom da criatividade, somos chamados para sermos bons mordomos e servos fiéis do que está em nossas mãos. Ninguém está isento, e se você não desempenhar o seu papel, estaremos perdendo a graça exclusiva e os pontos fortes individuais que você traz para o aqui e agora.

Há uma tremenda satisfação que vem por saber que estamos fazendo exatamente aquilo que Deus nos criou para fazer e que estamos sendo obedientes à sua chamada para a nossa vida. É quando descobrimos nossos pontos fortes e ficamos mais confortáveis na graça que nos foi dada que vemos as promessas de Deus para o nosso futuro amplo e espaçoso começarem a tomar forma.

Ritmos da Graça

Para muitas pessoas, "Hillsong" tornou-se sinônimo de estilo de música de adoração que brotou de nossa igreja nas últimas décadas. Sempre que me pedem para explicar a estratégia usada para tornar a Hillsong Music uma marca global, eu sorrio e digo:

— É um mistério, não uma fórmula!

Não é que não somos intencionais ou não pensemos estrategicamente sobre nossa música e como a compartilhamos pelo mundo. É que nunca poderíamos ter orquestrado o tipo de sucesso fenomenal que continua a não mostrar sinais de abrandamento. Só Deus. Só sua graça. Veja bem, Deus tem abençoado todo ministério de nossa igreja de maneira surpreendente, mas o cálice da Hillsong Music transborda com a abundância de suas bênçãos. No entanto, não foi por tentar ser outra pessoa que encontramos esse favor extraordinário e bênção imerecida. Foi por encontrar nossa zona da graça, tomar a decisão de nos sentir confortáveis por sermos diferentes e gostar do "som" que estava em nossa casa.

Muito antes de plantarmos uma igreja, eu decidira que queria construir uma comunidade de adoradores que influenciassem outras igrejas. Eu amo a música, mas mesmo quando o perfil da Hillsong Music começou a crescer, sempre entendi que era só por causa da graça de Deus que, através da nossa música, atraímos as pessoas para a igreja a fim de lhes anunciar a mensagem do evangelho.

No início da década de 1990, a Hillsong Music já tinha ganhado credibilidade por toda a nação da Austrália, e conforme as igrejas cantavam nossas canções, muitas pessoas influentes na indústria musical americana começaram a notar. Essas pessoas se reuniram conosco, e todo executivo com quem me sentei tinha uma imagem mentalmente clara do que ele acreditava que funcionaria e não funcionaria na América do Norte. O sentimento geral era que, em dias em que os artistas cristãos não estavam ganhando fama, a música de adoração em igrejas "não venderia", o nosso estilo apelaria apenas para os jovens e deveríamos adaptá-lo para um mercado cristão mais convencional. No entanto, estávamos empenhados em fazer o que Deus nos havia chamado para fazer e o que sentíamos ser um espírito e som único que estava dando certo na nossa igreja e, segundo informações, estava sendo usado como grande bênção para outras igrejas. Estávamos vivendo e liderando pela graça que Deus nos dera e sendo fieis à essência da adoração em nosso povo e nossa igreja.

Em 1995, a Integrity Music, sediada em Mobile, Alabama, ofereceu-se para distribuir nossa música. Porém, a uma semana da gravação marcada, nosso líder de adoração nacionalmente aclamado saiu de forma abrupta e inesperada, praticamente da noite para o dia. Como você pode imaginar, foi um tremendo contratempo. Não querendo atrasar ou cancelar a noite de adoração ao vivo, decidimos e perguntamos a

Darlene Zschech, mulher talentosa, que fazia parte fiel da nossa equipe de louvor nos bastidores, se ela lideraria a adoração naquela noite, algo que ela nunca fizera antes. Darlene é uma pessoa incrivelmente humilde e talentosa, e merece todo o sucesso que lhe ocorrer. Mas na época, acho que Darlene concordaria em dizer que ela não esperava estar na liderança, tendo de ser estimulada, encorajada e até mesmo gentilmente empurrada para a as luzes.

Exatamente quando pensávamos que tínhamos resolvido o problema, percebi que tinha de explicar a situação para os produtores e fazê-los aprovar nossa mais nova líder de adoração. Eles gostaram de Darlene e concordaram que ela era suficientemente talentosa para liderar o projeto. Ainda assim, eles estavam um pouco preocupados com a maneira como o público reagiria com o fato de que ela era uma mulher em um papel de liderança, algo que nunca nos tinha ocorrido e ainda era bastante revolucionário na época!

Para crédito deles, assumiram o risco, o álbum foi gravado, e o resto, como dizem, é história. Darlene fez o trabalho muito bem. O álbum foi intitulado Shout to the Lord (Aclame ao Senhor), que também era o nome de sua canção fenomenal que se tornou um dos clássicos mais famosos e contemporâneos para os cristãos de todo o mundo.

Não tínhamos agenda escondida para o sucesso global ou para a tentativa de fazer uma declaração sobre o papel das mulheres no ministério. Estávamos apenas nos mantendo fiéis ao que Deus nos chamou para fazer, adorando-o de todo o coração, mesmo quando confrontados com novos desafios ao longo do caminho.

As pessoas sempre terão opiniões, a maioria bem-intencionadas, sobre as decisões tomadas pela fé. No decorrer dos anos, muitas pessoas estavam prontas em nos dizer como uma "igreja em Londres" ou uma "igreja em Nova York" deve ser, parecer e soar, às vezes até sugerindo que a cultura Hillsong não se encaixa com as atitudes e mentalidade de determinado lugar. No entanto, estação após estação, temos sido diligentes em seguir os sussurros de Deus quando se trata de plantar igrejas em cidades influentes. Quer em Londres, Nova York, Paris, Kiev ou Cidade do Cabo, quando temos o compromisso de permanecermos fiéis a quem somos e ao que somos, temos visto que cada nova igreja experimenta notável crescimento e bênçãos. Continuamos a praticar esta mesma atitude hoje, escolhendo ver cada novo obstáculo como oportunidade para Deus nos ajudar a crescer em nossas zonas de graça, à medida que o louvamos ao longo do caminho.

Não há nada que se compare a esse tipo de satisfação e ao tipo de confiança e contentamento que vem de estar exatamente onde você deveria estar, fazendo exatamente o que Deus criou você para fazer.

Siga seu coração, permaneça fiel ao dom que há em sua vida, vá em frente com a força que você tem, sinta-se confortável em sua zona de graça, tenha confiança em seu chamado e veja como Deus excede todas as suas expectativas e o leva para uma vida ampla e espaçosa.

CAPÍTULO QUATRO

Amando Incondicionalmente

Everyone needs compassion,
love that's never failing
Let mercy fall on me.
Everyone needs forgiveness,
the kindness of a Savior.
Todos precisam de compaixão,
o amor que nunca falha
que a misericórdia me sobrevenha
Todos precisam de perdão,
a bondade de um Salvador.
— *"Mighty to Save", Hillsong Music, 2006*

— Vô, você viu minha boneca Barbie?
— Vô, olha pra mim. Estou dançando!
— Vôôô... você tá na televisão!

Tenho quatro netas, dois netos, seis ao todo. Eu sou "um daqueles" quando se trata de meus netos. Você não ousaria me fazer uma pergunta sobre eles sem ser bombardeado por fotos e ser forçado a ouvir histórias de suas últimas conquistas e aventuras ininterruptas. Já não é surpresa para mim que meu apego constante sobre meus netos acaba se tornando numa apreciação atenta por parte das pessoas ao meu redor, fazendo com que elas se afastem pouco a pouco depois de vários minutos de atenção não correspondida. Ser o "vô" deles é uma das minhas maiores alegrias. Eu costumava brincar com meus filhos, dizendo que eu queria que eles tivessem muitos netos para eu formar uma equipe de rúgbi *, mas hoje em dia é mais provável que acabarei

* **N. do E.:** esporte em que duas equipes de 15 jogadores se enfrentam, usando as mãos e os pés, na tentativa de levar a bola oval até a linha de fundo adversária ou fazê-la passar por entre as traves da meta, sobre a linha.

com um grupo de dança. Independentemente do que escolherem fazer com a vida, quer gostem de esportes quer prefiram dançar na minha sala, amo meus netos e sempre os amarei.

Três deles já são grandinhos, estão se aproximando da idade escolar e brincam juntos com frequência: duas irmãs e um primo. Quando eles estão em dupla, se dão muito bem, contando histórias bobas e rindo, mas quando o terceiro deles se junta, então as coisas se tornam um pouco caóticas. O velho ditado "Dois é bom, três é demais" é muito verdadeiro na minha experiência.

Dois deles brincam juntos com muita alegria. Mas quando o terceiro se junta, ocorre mudança no equilíbrio de poder. Alguém é obrigado a ficar de fora. Um quer algo que o outro tem, o qual, por sua vez, quer algo que um terceiro tem.

Assim são os caminhos do mundo. Podemos fazer parte de um pequeno grupo de pessoas com ideias afins, os quais concordam conosco, mas se entrar alguém que é significativamente diferente do que somos, a dinâmica mudará. A Bíblia trata diretamente dessa dinâmica relacional: "Também vos digo que, se dois de vós concordarem na terra acerca de qualquer coisa que pedirem, isso lhes será feito por meu Pai, que está nos céus. Porque onde estiverem dois ou três reunidos em meu nome, aí estou eu no meio deles" (Mt 18.19,20).

Para mim, é interessante que esse versículo fale de dois que concordam, mas de três que se reúnem. Obviamente, quanto mais pessoas se reúnem, mais difícil o acordo se torna. Quando há uma multidão, podemos concordar com algumas coisas, mas não concordaremos em tudo. Quando contabilizamos cada uma de nossas formações individuais, interesses especiais e projetos pessoais, é surpreendente o tanto que podemos discordar! Acredito que nossa comunhão uns com os outros não pode se basear apenas no acordo. Deve basear-se em Jesus e no amor que Ele tão prontamente dá a cada pessoa que invoca o seu nome.

Mesmo teologicamente, muitos de nós não concordamos. A maioria dos crentes concorda com os fundamentos da fé – como vemos Deus, Jesus, o Espírito Santo, a cruz, a ressurreição e assim por diante. Mas há muitas áreas em que concordamos em discordar. E isso é bom. Há um mundo cheio de pessoas lá fora, com as quais não concordo e muitas delas não concordam com o que estou pensando. Quando se trata de ética e moralidade, muitos que não são da igreja discordam com o que defendo. As pessoas que têm pontos de desacordo podem ser muito enfáticas em seus pontos de vista. Hoje em dia, qualquer pessoa de autoridade que está construindo algo de significativo tem um montão de opositores e blogueiros prontos para degradar e criticar tudo com que não concordem. Contudo, acredito que temos de encontrar uma maneira de amar as pessoas a despeito de nossas divergências. Mesmo quando não sabemos como amar alguém tão diferente de nós, se confiarmos no amor de Deus, então encontraremos um jeito.

Anos atrás, fui abordado por um importante veículo de comunicação da nação australiana, que me ofereceu uma oportunidade para apoiar nosso time da liga de rúgbi estadual antes da partida mais importante do ano, uma que tínhamos perdido por muitos anos consecutivamente. A ideia era que eu tinha de fazer uma sessão de fotos com a camisa do time ao lado de outros líderes religiosos, sob uma manchete que pedia aos fãs do esporte: "Mantenha a Fé". Era um artigo legal, com o qual eu concordava com muita alegria e diversão, batendo bola com meu novo conhecido, um imã* muçulmano da cidade. Infelizmente, como cristãos, somos mais propensos a construir muros do que a construir pontes. Não era algo que dizia respeito a comprometer a crença cristã. Era algo que dizia respeito a amar as pessoas pelas quais Jesus deu a vida. Será que o imã e eu concordamos quanto aos fundamentos da fé e da religião? Claro que não; estamos em polos opostos! Mas será que ambos apoiamos o mesmo time de futebol e alegremente oramos pelo milagre de uma vitória? Sim! Jesus era o mestre em cruzar divisas. Ele cruzou as divisas de gênero, as divisas culturais, as divisas morais e as divisas doutrinárias e políticas.

Sempre fui firme na crença de que a Igreja Hillsong e nosso ministério seriam erguidos em coisas que somos a favor, e não em coisas que somos contra. Somos a favor de Jesus. Somos a favor do amor. Somos a favor da sua graça e perdão, da cura e restauração e de vidas transformadas quando estas dizem sim a um relacionamento com Jesus. Somos a favor de ver você levantar-se, soltar as correntes da vergonha construídas pela condenação e entrar em uma vida de significado e propósito – a vida para a qual você foi criado.

---

* **N. do E.:** Imã é um sacerdote muçulmano que dirige as preces numa mesquita.

O Amor Está onde Você menos Espera

Se você quer amar como Jesus amou, se quer que sua vida seja caracterizada pelo amor, de uma forma que reflita o coração de Deus para todos que você encontrar, então recomendo prestar atenção em como você reage às pessoas que fazem você se sentir desconfortável. São as pessoas que são diferentes de você de forma significativa, aquelas que você não gosta, não entende e não aprecia. As pessoas que possuem crenças diferentes, praticam estilos de vida diferentes e mantêm prioridades distintamente diferentes das suas.

Embora existam muitas dimensões diferentes para o amor cristão, acredito que a capacidade de amar incondicionalmente é o que mais caracteriza a vida espaçosa e abundante que temos em Cristo. E suspeito que esta disposição de amar os outros incondicionalmente, bem como sua prática regular é o que está faltando significativamente na vida de muitos crentes. Dizemos que queremos amar os outros como Deus nos ama, mas acabamos escolhendo o conforto e a conveniência antes da compaixão. Esse não é o exemplo de Cristo nem é a maneira que somos chamados para amar.

Por mais dolorosos que os relacionamentos sejam, somos feitos à imagem de Deus como seres relacionais, criados para pertencer, servir, cultuar e viver em comunidade. Deus nos provê a subsistência e nos ama através das pessoas que estão em nossa vida, mesmo quando somos chamados para sermos mãos e pés do Senhor para aqueles que nos rodeiam. Os relacionamentos são a parte vital da igreja, o corpo de Cristo.

Como resultado do seu amor incondicional por todas as pessoas, encontramos Deus no meio de lugares e situações onde menos o esperamos. Nas esquinas e nas ruelas, nos hospitais e nas prisões, nos orfanatos e nos tribunais. Onde quer que você encontre pessoas, lá você também encontrará Deus.

Entretanto, estamos continuamente nos esforçando para não nos arriscar. Não queremos ser arrogantes, santarrões, exclusivistas e intolerantes, mas se não nos concentrarmos em nosso relacionamento com Deus acima de tudo, então estaremos propensos a tornarmo-nos orgulhosos. Queremos amar todas as pessoas, mas a menos que estejamos consistentemente experimentando o amor de Cristo em nossa vida todos os dias, então acabaremos tentando amar por conta própria. E o amor necessário para amar as pessoas diferentes de nós será sempre sobrenatural.

Não se esqueça de que até o apóstolo Paulo começou a carreira como um legalista judeu colérico, dedicando-se a perseguir os radicais ativistas que seguiam Jesus. Foi só depois que Paulo encontrou Jesus de forma tão direta e dramática na viagem a Damasco que ele descobriu a plenitude de viver na graça de Deus, livre para ser ele mesmo, como seu Pai o criara, e livre para amar os outros. Como Saulo, ele era autoritário, bitolado e impulsionado pelo próprio ego, mas como apóstolo amado de Deus, Paulo tornou-se generoso, tolerante e dirigido pelo amor ao Deus que o amou primeiro.

O que dá o tom da sua vida? Quantas vezes você sai da zona de conforto para alcançar as pessoas com quem você está em desacordo? A capacidade de desfrutar uma vida maravilhosa, espaçosa e generosa é diretamente proporcional à capacidade de amar a todos, especialmente as pessoas que são diferentes de você.

Quais são suas expectativas em relação a Deus no que diz respeito a como você deve amar os outros? O que você faria se Deus chamasse você para um lugar que você não gosta ou para uma situação que você despreza? Você lutaria e suportaria seus preconceitos e intolerância, a fim de compartilhar o amor abundante e a graça misericordiosa de Deus para pessoas que você não gosta? Deus nos ama sem condições, embora coloquemos condições em nosso amor antes de oferecê-lo às pessoas.

Posso garantir que as pessoas atualmente farão perguntas controversas aos pastores em entrevistas na mídia. E as respostas a essas perguntas sempre dividirão as pessoas.

Creio que a Bíblia é clara em muitos desses assuntos, e não tenho a intenção de ignorar a Palavra de Deus. Contudo, Jesus reservou suas palavras mais duras para os valentões religiosos que Ele encontrou e estendeu a mão, com certa medida de amor e graça, para os pecadores e publicanos a fim de que pudessem ser salvos. Uma mulher adúltera, uma divorciada em série (agora vivendo com outro homem), uma mulher samaritana, um vigarista insignificante e um coletor de impostos, o qual Ele chamou para descer de uma árvore, estavam entre as pessoas que Ele amou e tratou com graça. Jesus não veio para condenar o mundo. Se Deus quisesse condenar o mundo, Ele teria enviado um condenador. Mas Ele queria salvar o mundo, por isso nos enviou um Salvador (veja Jo 3.17).

Por isso que é triste sintetizar o problema a uma única frase ou uma curta declaração na mídia. Não podemos reduzir a vida das pessoas a uma declaração crítica e de grande efeito cheia de condenação. Jesus nunca fez isso. Temos de olhar essas questões por olhos graciosos, pelos olhos de Jesus. Creio que estamos presos pela Palavra pela qual vivemos, no mundo em que vivemos e com o peso com que vivemos.

A Palavra pela qual vivemos é, obviamente, a Palavra de Deus. Não posso e não quero reescrever a Bíblia. O mundo em que vivemos está mudando continuamente. Como cristãos, não creio que nossa tarefa seja espremer a Palavra de Deus no molde do mundo, mas é nossa tarefa amar o mundo pelo qual Jesus morreu e é nossa comissão alcançar todas as pessoas. E o peso com que vivemos é pesado. Muitas igrejas, quer você admita ou não, têm jovens que estão sendo criados em boas famílias cristãs, mas, mesmo assim, estão se debatendo com confusas questões de identidade. Tragicamente, quando levam suas lutas para pessoas de confiança, como pastores de jovens e amigos cristãos, acabam sendo isolados e marginalizados. Talvez pais bem-intencionados, que não sabem o que fazer, semeiam palavras de rejeição nos momentos mais vulneráveis de seus filhos. As consequências são que repetidamente vemos esses jovens, que outrora eram firmes e plantados na igreja, odiando a Deus e desprezando toda forma de religião organizada.

Preocupo-me com os jovens. Preocupo-me com seu futuro, e a resposta não é transigir a Bíblia, mas também não é reduzir a vida das pessoas a declarações de desamor. É ver o que Deus vê e amar os outros com o mesmo amor incondicional que temos recebido de nosso Salvador Jesus Cristo. Pessoas de todas as esferas da vida são bem-vindas em nossa igreja, e oro para que, quando entrarem pelas portas, elas sintam a sensação de bem-vindo de volta ao lar. Pois, como diz o corinho, "whosoever will to the Lord may come" (todo aquele que quiser pode vir ao Senhor).

Isso não significa que as pessoas não precisam mudar. A mensagem cristã é uma mensagem de transformação, e todos somos pecadores salvos pela graça. Sim, Deus quer nos mudar, e Ele nos ajuda a mudar, mas como Billy Graham disse: "O trabalho do Espírito Santo é convencer, o trabalho de Deus é julgar, e o meu trabalho é amar". O mundo está cheio de desacordo. Mas graças a Deus que nossa aceitação amorosa das pessoas não tem de basear-se em concordar com elas. Nossa aceitação amorosa das pessoas baseia-se na cruz.

A Grande Co-missão

Você e eu não somos os únicos que têm dificuldade de amar as pessoas que são diferentes de nós. Os discípulos de Jesus enfrentaram o mesmo problema, como se deu com a maioria das pessoas na igreja primitiva. Grande parte da lei religiosa e costumes culturais judaicos estavam baseados nas fronteiras rígidas entre o que era santo e o que era impuro, o que era sagrado e o que era comum, o que era puro e o que era imundo. Realizavam-se rituais elaborados para que a pessoa se purificasse e se tornasse digna de entrar no templo e apresentasse uma oferta ao Senhor na presença dos sacerdotes.

Os israelitas sabiam que eram o povo escolhido de Deus. Eles tinham visto Deus liderá-los, protegê-los e separá-los de outras tribos e nações. Eles estavam acostumados a pensar em si mesmos como o único povo que Deus amou e favoreceu. Esse era o mundo da Palestina durante a vida de Cristo.

Contudo, Jesus veio para todos os povos, e não apenas para a nação de Israel. Este era um dos aspectos mais radicais da mensagem: a boa notícia de que qualquer pessoa poderia ser perdoada de seus pecados e ter um relacionamento com o Pai celestial. Jesus deixou claro como era importante levar essa mensagem para além dos limites da cidade de Jerusalém e das fronteiras de Israel. Depois da ressurreição, porém antes da ascensão, Jesus disse a seus seguidores: "Toda a autoridade me foi dada no céu e na terra. Ide, portanto, fazei discípulos de todas as nações" (Mt 28.18, 19, ARA).

Chamamos esta mensagem de a Grande Comissão, a co-missão que temos para falar aos outros sobre o amor de Deus e como Ele manifestou seu amor ao enviar seu Filho para morrer na cruz por nossos pecados. Essa mensagem é o coração de Deus para todo o seu povo. Sempre foi e sempre será. Quando nos deparamos com a misericórdia, com a graça e com o perdão do Senhor, seu amor por nós torna-se muito mais claro. Por conseguinte, mal podemos esperar para contar aos outros. Gosto de pensar que estamos em co-missão com Cristo, que estamos juntos nisso. Por que permitimos que o desacordo caracterize nossa discussão? Recentemente, demos a todas as pessoas de nossa igreja pulseiras inscritas com as palavras "Missio Dei". Na parte de trás da pulseira, era para trazer a tradução ("Missão de Deus"); porém, quando recebemos mais de 40 mil pulseiras de nosso fabricante na China, a inscrição dizia: "Missio Dei, Missão de COD*"! Hoje rimos, mas na época causou certa preocupação para nossas equipes de comunicação e eventos!

As pulseiras serviam de lembrete diário para a igreja de que cada dia acordamos "em missão", coerdeiros com Cristo e missionários para o mundo que nos rodeia. Para cumprir a missão, é importante lidar com as coisas que podem estar nos impedindo ou que estejam no caminho de nossa relação com os outros. Christopher J. H. Wright, teólogo e escritor inglês, sabiamente disse: "A missão do povo de Deus é grande demais para ser deixada apenas para os missionários".

Hoje, encorajo você a alinhar-se com a missão de Deus, a Grande Comissão. Crie e reconheça as oportunidades nos seus encontros diários para amar as pessoas com um amor extraordinário e incondicional.

Disponível para Todos

Um dos maiores exemplos de amor incondicional que cruzou toda espécie de divisão cultural e social encontra-se em Atos 10. Parece uma história distante, mas para você e para mim é o capítulo mais significativo de Atos. É o cenário em que o Espírito Santo tornou-se disponível para você e para mim, indo além das pessoas do Antigo Testamento e tornando-se acessível a toda a humanidade. É a história de dois homens cujos mundos estavam separados. Um deles é Cornélio, um jovem, bonito e forte centurião do exército romano. Como gentio romano e em termos da lei religiosa judaica, ele era estranho à mensagem de Cristo. Ele era considerado impuro e comum, um soldado obrigado a matar. Mesmo assim, a Bíblia diz que Cornélio amava Deus. Do outro lado, temos Pedro, um jovem judeu sujeito à lei judaica, que também desafiou as expectativas das pessoas. Um pescador leigo e sem instrução, Pedro

* **N. do T.:** COD é uma abreviatura em inglês que significa "pagamento contra entrega". A confusão dos fabricantes chineses deveu-se à semelhança da palavra GOD (Deus em inglês) com a abreviatura COD.

era conhecido por ser discípulo de Jesus Cristo. Todos os ingredientes dessa história são chocantes. Mesmo sendo dois opostos polares, Deus lhes dá sonhos separadamente, preparando-os para uma reunião que mudou a história.

Pedro está hospedado na casa de Simão, o curtidor, o que por si só já é um mistério. Veja bem, a profissão de curtidor era considerada imunda. Os curtidores trabalhavam constantemente com impurezas e peles de animais, misturando os materiais mais estranhos, como esterco de cão e corantes para tratar o couro. Pedro, um judeu, jamais deveria estar nessa casa. Mas através de um sonho sobrenatural dado a Cornélio, dois dos servos de Cornélio batem na porta da casa de Simão, o curtidor. Eles também não deveriam estar ali, mas agiam em obediência ao seu senhor. Os soldados foram instruídos a buscar Pedro e convencê-lo a voltar com eles à casa de Cornélio - um convite que Pedro nunca deveria ter aceitado.

Depois de receber o convite de Cornélio, Pedro pode ter se sentido desconfortável. Pode até ter sentido medo ou incerteza. Havia muitos fanáticos judeus e soldados romanos à procura de cristãos para bater, prender ou matar. Mas Pedro ia onde Deus o dirigia e reconheceu o amor todo-inclusivo e incondicional demonstrado por Cristo na cruz. "E, abrindo Pedro a boca, disse: Reconheço, por verdade, que Deus não faz acepção de pessoas; mas que lhe é agradável aquele que, em qualquer nação, o teme e faz o que é justo. A palavra que ele enviou aos filhos de Israel, anunciando a paz por Jesus Cristo (este é o Senhor de todos), esta palavra, vós bem sabeis" (At 10.34-37). Somos todos pecadores salvos pela graça. Pedro e Cornélio cruzaram inúmeras fronteiras naquele dia em concordância com a voz e liderança de Deus. Dois homens agiram contra todos os protocolos em obediência à voz de Deus, a fim de alcançar mais pessoas com o amor de Cristo.

Quero tratar as pessoas vistas como estranhas e excluídas com o mesmo respeito que Pedro mostrou a Cornélio. Assim que Pedro entrou na sala, Cornélio caiu ao chão e começou a adorá-lo. Mais uma vez, Pedro ficou estarrecido! Imediatamente, ele levantou o soldado romano e disse-lhe algo assim: "Levante-se, homem! Não sou melhor do que você. Levante-se e olhe-me nos olhos, porque sou homem como você" (veja At 10.26). Pedro passou a explicar que sim, o povo judeu normalmente não se mistura com estrangeiros e os que estão fora da nação de Israel.

Contudo, Deus mostrou a Pedro que ele deveria aceitar os estranhos e excluídos e compartilhar o evangelho com eles. Tendo em vista que Cornélio reunira muitos parentes, amigos e funcionários em casa para recepcionar Pedro, ele ficou muito feliz com a aceitação.

Você pode discordar dos estilos de vida, costumes, princípios, crenças religiosas das pessoas, mas o amor necessário para alimentar a maravilhosa e espaçosa vida modelada por Jesus sempre convida outras pessoas para a festa. Se formos honestos, nenhum de nós concorda em tudo o tempo todo. Só podemos concordar com o único nome que tem o poder de salvar nossa alma: Jesus Cristo.

Quanto mais você convida outras pessoas para entrar, mais você amplia o seu círculo e, por conseguinte, mais aumenta o potencial para discordar. É quando se torna crucial lembrar o que nos une. Nossa reunião não se baseia em acordo com qualquer coisa, senão uma: o nome de Jesus, o nome que está acima de todo nome.

Não viva em um mundo cheio de desacordos, tentando provar que você está certo o tempo todo. Não construa a vida em torno de pessoas que concordam com você o tempo todo. Não exclua as pessoas só porque não concordam com você em muitas coisas. Esse conflito tem cheiro e gera desunião. Permita que o perfume doce do evangelho atraia outros para você e para a Casa de Deus, onde também encontrarão aquele que salvou você.

O Mandamento de Amar

Quem somos e como nos comportamos importa – e importa grandemente. Pense em como o comportamento e a conduta dos outros afetam positiva ou negativamente você. Pode ser um determinado professor na escola, que lhe disse palavras de afirmação, as quais lhe deram a coragem para acreditar em você. Talvez tenha sido um pastor ou mentor que andou a segunda milha com você para ajudá-lo a alcançar seu sonho. Você pode ter lembranças de alguém que falou ou agiu de forma cruel com você, fazendo você se sentir insignificante ou inútil. Nunca devemos subestimar o poder que temos uns sobre os outros, sobretudo o poder de nossas decisões de liderança sobre aqueles que nos procuram para receber orientação ou apoio. Não é que tenhamos de ser uma pessoa perfeita para nos qualificar na vida. De modo algum. Mas temos de ser honestos e educáveis e viver com autenticidade e aceitar os outros. Jesus disse: "'Ame o Senhor seu Deus com toda a paixão, toda a fé e toda a inteligência'. Esse é o mais importante, o primeiro de qualquer lista. Mas há um segundo, ligado a esse: 'Ame o próximo como a você mesmo'. Esses dois mandamentos são o como elos de uma corrente: tudo que está na Lei de Deus e nos Profetas deriva deles" (Mt 22.37-40, versão A Mensagem).

De Coração Aberto

Hoje, somos chamados a amar as pessoas que, talvez, historicamente, a igreja nunca alcançou. Somos chamados a amar todas as pessoas com o amor de Cristo, porque o Pai ama todas as pessoas, quer abençoar todas as pessoas e quer salvar todas as pessoas. Não quero nunca ser uma das pessoas cuja atitude e linguagem corporal transmitem condenação, julgamento e condescendência. Quero ser alguém de braços abertos, de coração aberto e de mente aberta para amar as pessoas ao meu redor.

Não há ninguém que não mereça entrar em uma igreja, ser visto pelas pessoas nos olhos e entender que estamos todos na mesma posição. Somos todos pecadores, falhos, egoístas e imperfeitos, salvos somente pela graça de Deus, pelo amor de Cristo e pelo poder do Espírito Santo.

Não temos de concordar, mas temos de convidá-las a entrar. A igreja não foi chamada para ser uma executora de regras, e sim um referencial da graça. Você e eu somos chamados para sermos despenseiros da graça de Deus, fornecedores de amor, tanto dentro quanto fora da igreja. Esse tem de ser o tom de nossa vida.

Deus não tem preferidos, não mostra parcialidade e não valoriza indivíduo, grupo ou nação acima de outrem. Ainda que queiramos amar com a mesma aceitação toda-inclusiva como o nosso Salvador, a realidade é que muitas vezes ficamos aquém das expectativas.

Estou convencido de que temos de manter o coração aberto diante de Deus e pedir-lhe para tratar conosco com vistas a nos manter compassivos, misericordiosos, amorosos e conscientes da graça que nos foi dada. Quando vivemos na plenitude dessa consciência da graça de Deus em nossa vida, somos obrigados a mostrá-la e compartilhá-la com as pessoas. Que sempre sejamos pessoas que entendam o poder do evangelho e compreendam que Deus não tem preferidos. Você é o preferido de Deus. Eu sou o preferido de Deus, assim como o bêbado ou o trabalhador de rua é o preferido de Deus. Todos nós somos os preferidos de Deus.

Você pode desfrutar a vida abundante cheio da presença amorosa do Pai e, por sua vez, compartilhar os recursos ilimitados do seu amor com todos que encontrar. Com Jesus como exemplo, nós que recebemos a graça somos chamados a brilhar em um mundo escuro. Ele disse: "Um novo mandamento vos dou: Que vos ameis uns aos outros; como eu vos amei a vós, que também vós uns aos outros vos ameis. Nisto todos conhecerão que sois meus discípulos, se vos amardes uns aos outros" (Jo 13.34, 35).

O amor incondicional e inclusivo alimenta a vida maravilhosa que desejamos viver.

CAPÍTULO CINCO

Sendo Pioneiro

Through waters uncharted my soul will embark.
I'll follow Your voice straight into the dark.
Should there come a moment when faith and I part,
Speak to the sails of my wandering heart.
Por águas desconhecidas minha alma embarcará.
Seguirei tua voz direto para o escuro.
Caso haja um momento em que a fé e eu nos separemos,
Fala com as velas do meu coração errante.
— "Captain", Hillsong Music, 2015

— Meu pastor se balança numa corda como um macaco!

Não são exatamente as palavras que você imaginaria na salvação de alguém. Contudo, foram as palavras que atraíram alguns dos nossos primeiros convertidos para a casa de Deus e provocaram a bênção permanente de milhares de pessoas que encontram Jesus Cristo nos altares da Igreja Hillsong.

Lembro-me de ir de carro aos campos agrícolas do noroeste de Sydney há mais de 30 anos e observar a paisagem marrom e seca que era o Distrito Hills na época. O Hills era famoso por apenas uma coisa: uma das concessionárias de veículos mais rentáveis e bem-sucedidas da nação australiana, com um proprietário que ficaria famoso por gritar nas telas de televisão das pessoas:

— Basta subir a rua Windsor vindo de Baulkham Hills, e deixe-me que eu vendo um carro só pra você!

Passando de carro por essa concessionária na periferia rural da cidade, pensei comigo mesmo: Se as pessoas vêm aqui em grande número para comprar um carro, por que não viriam até aqui para frequentar uma igreja? Apesar do olhar desconcertado que recebi das pessoas, eu estava determinado a construir uma igreja nesta comunidade. Pela graça de Deus, eu via o que os outros não viam.

No primeiro domingo, fiquei muito alegre quando Bobbie e eu olhamos o pequeno salão da escola que tínhamos alugado e contamos 70 pessoas. Setenta pessoas no Distrito Hills no primeiro domingo! Minha alegria foi de curta duração quando, na semana seguinte, tivemos 65, e depois 53, e depois 45. Fiz os cálculos e verifiquei que tínhamos quatro ou cinco semanas para que o número de pessoas caísse a zero!

Eu tinha 29 anos de idade, era jovem e despreocupado. Depois do primeiro mês tentando construir a partir do zero, certo domingo, durante a mensagem - quer por empolgação ou desespero - agarrei uma das duas cordas de ginástica que estavam penduradas no teto da escola. Balancei-me por sobre a congregação (o que não foi difícil, visto haver apenas algumas fileiras de cadeiras), e havia um jovem entre as 45 pessoas presentes naquele dia que achou aquilo muito divertido.

Ao longo da semana, ele saiu e falou com seus amigos, dizendo-lhes:

— Vocês devem ir à minha igreja. O pastor se balança numa corda como um macaco!

Na semana seguinte, ele trouxe nove amigos para a Casa de Deus, e todos os nove comprometeram-se com Cristo. Na semana seguinte, eles trouxeram mais 11, e na semana seguinte, mais dez. Em três semanas, ele levou 30 pessoas à graça salvadora de Jesus e começou um avivamento de paixão em nossa pequena escola municipal. Mal sabia ele que ele era um pioneiro.

Espírito de Pioneiro

Quando pensamos na palavra pioneiro hoje, pensamos imediatamente em Amelia Earhart, capitão James Cook, Cristóvão Colombo, Albert Einstein, Steve Jobs e inúmeros outros que mudaram a face da história com seu espírito ousado e curioso. Suas vidas foram dedicadas à descoberta e movimentos à frente. Walt Disney, um dos pioneiros mais imaginativos do século XX, disse acerca de seu império em crescimento: "Aqui, no entanto, não olhamos para trás por muito tempo. Continuamos seguindo em frente, abrindo novas portas e fazendo coisas novas, porque somos curiosos... e a curiosidade continua a nos conduzir por novos caminhos".

Esses novos caminhos nem sempre o levaram para o sucesso que está associado ao nome Disney. Em 1927, quando Walt contatou os estúdios da MGM para distribuir Mickey Mouse, disseram a ele que a ideia nunca daria certo. Disseram também que um rato gigante na tela causaria pavor nas mulheres e crianças.

Ser pioneiro requer coragem, engenhosidade e um senso de aventura. Com o espírito pioneiro deve vir a disposição em fracassar e falhar, mas também a crença inabalável na futura visão a longo prazo. O pioneirismo não ocorre sem oposição, mas a vida ampla e espaçosa que estamos buscando requer, sem dúvida, que assumamos riscos, saiamos do que é conhecido e contemos o custo entre o conforto presente e a recompensa futura. Creio que é a vontade de Deus que todos tenhamos um espírito pioneiro!

Começando Pequeno, Sonhando Grande

Quando você anda com Jesus, você nunca deixa de ser pioneiro. É uma verdade continuamente comprovada em minha vida. Tenho desbravado igrejas e sido pioneiro em minha vida por mais de 30 anos e, pela graça de Deus, nunca perdi o espírito de pioneirismo. Quando Bobbie e eu nos mudamos para a Austrália em 1978, cinco anos antes de abrirmos a Igreja Hillsong, iniciamos uma pequena igreja na região costeira ao norte de Sydney. Depois de alguns meses, era o momento certo de entregar a igreja para outro pastor, e pouco depois fomos convidados a estudar a possibilidade de assumir uma igreja no sudeste de Sydney. A igreja estava em estado desesperador. A congregação era composta de três senhoras de idade, a igreja se reunia em um prédio antigo em um bairro pobre, e seu único trunfo era um micro-ônibus velho e mal conservado estacionado na calçada da frente. Quando chegamos, vi um púlpito que era maior do que eu e que havia mais flores de plástico por todo o santuário do que eu já vira na vida. Retirei o púlpito e as flores de plástico, e, claro, duas das três membros da congregação saíram da igreja! Mas quando fizemos algumas mudanças e pedimos a Deus sabedoria, a igreja começou a crescer, e nova vida brotou de si.

A partir daí, começou o que hoje é conhecido como Igreja Hillsong. Lembro-me claramente dos primeiros dias de ministério. Éramos jovens e aventureiros e ansiávamos ardentemente que Deus trabalhasse através de nós. Chegávamos cedo com alguns voluntários, arrumávamos o pequeno salão da escola onde nos reuníamos e depois ficávamos até tarde para deixar como havíamos encontrado. Emprestávamos bonés de beisebol para fazer a vez da esquecida salva para coleta de ofertas, e o quartinho de vassouras empoeiradas era nossa sala de reunião pré-culto. Olho para trás agora e agradeço a Deus por haver outras pessoas em nosso mundo que embarcaram em nosso espírito de pioneirismo.

A Bíblia diz: "Quem despreza o dia das coisas pequenas?" (veja Zc 4.10). Creio que seja o que for que Deus tenha confiado em suas mãos – família, profissão, ministério –, não considere insignificante nem trate com falta de visão. Aos olhos de Deus e com sua liderança, sabedoria, favor e provisão, se você retiver firmemente o que Ele colocou em seu coração e o fizer com espírito de pioneirismo, creio que você verá acontecer.

Tomando Posse do Novo Território

Há grandes coisas a serem feitas com esse espírito de pioneirismo bem demarcado conforme vivermos a vida coletivamente como igreja e também individualmente. Com base no modelo de liderança amorosa que vemos em Jesus, o pioneiro toma posse do território anteriormente considerado inabitável e realiza o seu potencial. Jesus sempre via abaixo da superfície das pessoas e sabia o que estava em seus corações. Ele abriu caminho por cima dos preconceitos, parcialidades e estereótipos humanos, e Ele chama seus seguidores a fazer o mesmo.

É o que vemos quando Filipe leva a mensagem do evangelho para Samaria, um lugar desprezado pelos judeus, porque a região era habitada não só por gentios, mas também por judeus que tinham se misturado com gentios. Eram pessoas vistas como infiéis à sua herança e, por conseguinte, consideradas como estranhas e inferiores.

E lá estava Filipe dirigindo-se para essa região indesejável para ser um pioneiro da graça. De repente, o que era visto como inabitável e inatingível tornou-se parte vital do Reino de Deus. Conforme o evangelho se espalhava entre os gentios, tornou-se evidente que já não eram apenas os judeus que foram escolhidos por Deus. Por causa do que Jesus fez por nós na cruz, você e eu podemos ser parte da família de Deus. Hoje, ainda temos em nossa vida muitas pessoas para tocar com o amor de Deus. Quer se trate de um vizinho que se veste de maneira diferente e pratica outra religião, ou do adolescente sem-teto que mendiga na esquina, os estranhos e excluídos nunca acabam. Podemos ter mapeado o planeta muitas vezes, mas ainda há novos territórios de fé a explorar.

Jesus buscava consistentemente as pessoas que estavam à margem da sociedade, os indivíduos que os outros desprezavam. Ele falava com estrangeiros, mulheres de má reputação, homens com doenças fatais e crianças que queriam atenção. Recusou-se a jogar os jogos de força dos líderes religiosos de seu tempo, deixando-os frustrados e irritados.

Em Atos, vemos que os primeiros discípulos seguiram o mesmo padrão. Foi desconfortável, inconveniente e incerto, mesmo assim obedeceram ao mandamento do Senhor para compartilhar o evangelho da graça com todas as pessoas, e não apenas com os vizinhos judeus. Jesus destruiu as barreiras da exclusão e os muros do elitismo que muitos judeus hipócritas haviam construído para si mesmos, e agora seus seguidores estavam sendo pioneiros no amplo território deixado pelas ações do Mestre.

Considere que os primeiros três indivíduos fora de Jerusalém, cujas vidas foram transformadas pelo evangelho, não eram apenas excluídos, mas também excluídos do caminho. O primeiro foi um feiticeiro, um bruxo chamado Simão, que enganava as pessoas com seus truques de mágica.

O segundo (em At 8.26-40) foi um eunuco etíope. Ele não era apenas africano, de uma região e cultura diferente, mas também havia sido castrado para servir de servo para as mulheres, provavelmente as esposas e concubinas da casa de um homem rico. Independentemente de seu trabalho, este homem era definitivamente parte de uma pequena minoria de estranhos e excluídos.

E o terceiro foi Saulo, que, de acordo com a descrição bíblica, respirava ameaças e mortes contra os cristãos (At 9.1). Saulo esteve em pleno acordo com o apedrejamento e assassinato do apóstolo Estêvão por causa de sua fé. No entanto, Saulo, este assassino da fé cristã, acabou tendo um encontro dramático com Deus enquanto viajava na estrada para a cidade de Damasco. Ele ficou literalmente cego pelo encontro e tão confuso e desorientado que não soube o que o atingiu. Mas percebeu gradualmente o poder da graça de Deus que ele experimentara, tornando-se um novo homem. Deixou de ser o raivoso agressor Saulo para ser o humilde, porém poderoso, apóstolo Paulo. Sim, o mesmo Paulo que escreveu muitas cartas compendiadas no Novo Testamento!

Um ex-feiticeiro, um eunuco e um matador profissional - nada mal para a primeira fileira na igreja, não? Parece mais como o contexto de um tipo de piada! Está claro que o evangelho é para todos, não apenas para os líderes religiosos judeus ou para os ricos ou para os bem-sucedidos. Todos os históricos, todas as situações, todas as etnias são bem-vindas na família de Deus. Assim como Filipe se atreveu pisar em território desconhecido, somos pioneiros de Deus, chamados para sair de nossas zonas de conforto à medida que promovemos seu Reino.

Ser Pioneiro no Impossível

Ser pioneiro pela graça está no DNA da Igreja Hillsong. Em 1977, meus pais, que então estavam na casa dos 50 anos, mudaram-se de Nova Zelândia para Sydney, Austrália. Eles foram para os subúrbios orientais e encontraram um pequeno salão em Double Bay, onde abriram uma igreja chamada Centro de Vida Cristã dos Subúrbios Orientais. Conforme a igreja crescia e mudava-se para outros locais, este prédio continuou a servir uma variedade de propósitos. Quando recentemente passei em frente de carro, notei que agora tem os dizeres Centro Histórico da Cidade pintados nas portas. Parece apropriado, já que é onde, em muitos aspectos, a Hillsong começou.

Foi muitos anos mais tarde, em 1999, que Bobbie e eu tivemos a oportunidade de fazer algo que, para nós, naquela época, era um passo ousado e inovador. Fomos convidados a assumir a liderança da igreja do centro da cidade dos meus pais, além da Hillsong, a igreja que já estávamos pastoreando no noroeste de Sydney. Embora hoje em dia existam inúmeros e incríveis modelos de igrejas satélites, em 1999 era um território totalmente novo. Não tínhamos modelo para buscar orientação. Fomos pioneiros.

Dezesseis anos depois, nosso Campus da Cidade é parte integrante e próspera da Igreja Hillsong. Ao longo do caminho, temos aprendido muito sobre a expansão com várias sedes e a plantação de igrejas globais, visto que a Hillsong se espalhou para algumas das cidades mais influentes do mundo. Não sou chamado para plantar igrejas em todos os lugares. Porém, onde plantamos, minha esperança e oração é que construamos igrejas significativas, cujo impacto para a causa de Cristo se espalhe muito além de suas paredes e acolha a todos.

Desde o início, sempre nos esforçamos para sermos uma igreja pioneira, nem sempre tendo de fazer coisas novas, mas encontrando Deus fazendo coisas novas enquanto nos empenhamos em ouvir sua voz e seguir sua liderança. Nem sempre é o caminho fácil, às vezes é o caminho custoso, mas ser pioneiro segundo a vontade de Deus traz grandes frutos e recompensas eternas.

Elmer Towns, da Liberty University, escreveu recentemente um livro intitulado The Ten Most Influential Churches of the Past Century (As Dez Igrejas mais Influentes do Século Passado). Fiquei surpreso e honrado por ele ter incluído a Hillsong em sua seleção. O Dr. Towns afirma: "A Igreja Hillsong, Sydney, Austrália, pode não ter sido a primeira a utilizar músicas de louvor contemporâneas, mas a igreja não só foi pioneira no movimento na Austrália, como também se tornou a principal igreja a ensinar a igreja a adorar o Senhor com músicas de louvor contemporâneas".[1]

Trinta anos atrás, com 70 pessoas no primeiro culto em um pequeno salão de escola nos subúrbios de Sydney, teríamos rido da ideia de sermos influentes. Aposto que o jovem que trouxe 30 amigos à igreja não fazia ideia do impacto eterno que suas decisões teriam. Não tentamos ser pioneiros em prol de reconhecimento, ou novidade, ou fama. Ao longo de muitos anos, temos nos esforçado para edificar a Igreja de Cristo e ver as pessoas se conectar com Jesus, ser discipuladas na verdade e crescer nos propósitos de Deus para suas vidas. Creio que é isso o que significa ter uma vida maravilhosa: ser pioneiro em seguir o exemplo de Cristo.

Seja Pioneiro no seu Campo

O próprio Jesus foi o pioneiro final. Ele fez o que ninguém nunca fizera antes ou fez desde então: morreu por nossos pecados e ressuscitou.

[1] Towns, Elmer L. The Ten Most Influential Churches of the Past Century (Shippensburg, PA: Destiny Image, 2015).

Ele é a essência do que significa viver em sua zona de graça, aceitar o que lhe foi dado por Deus e oferecê-lo para a aventura da vida que você foi chamado para explorar.

Por definição, o pioneiro é um dos primeiros ou está entre os mais antigos exploradores em qualquer campo de empreendimento ou desenvolvimento. Um pioneiro amplia as fronteiras e estende os horizontes. Um pioneiro canta uma canção que é música para os não iniciados, para os que se perderam no deserto atrás dele. Um pioneiro desafia as probabilidades repetidamente, sempre assumindo riscos e ocasionando longevidade e completude para suas atividades.

Se você quer seguir Jesus, andar com Ele de perto e experimentar o poder do seu amor, então você terá de ser um pioneiro, um líder apaixonado na exploração do deserto inexplorado de sua vida espaçosa. Mas você não pode pensar em si mesmo como líder, muito menos como pioneiro, com base na forma como o mundo e a cultura definem. Mas se você segue Jesus, então você é um líder pioneiro. Você pode até não perceber a autoridade e os recursos que lhe foram dados, os outros até podem não reconhecer sua liderança, mas se você tem o Espírito Santo que habita em você, então Deus o ungiu como líder em sua revolução, a fim de libertar todos os seres humanos da escravidão do pecado.

Você não precisa ser eleito para repartições públicas ou cargos governamentais, acumular bens imóveis ou construir enormes empresas. Você pode não estar supervisionando empresas ou presidindo indústrias. Você pode não estar presidindo o conselho ou comandando um time, mas se você estiver seguindo Jesus Cristo, então você será chamado para tomar posição e servir o seu Reino. Recebemos o mandamento de exercer os talentos e habilidades que nos foram dados para que o Reino de Deus cresça e a vida das pessoas seja mudada.

Cada um de nós é chamado para conduzir a vida de maneira que agrade a Deus, de maneira que atinja nosso potencial divino, quer sejamos chamados para ocupar cargos terrenos de autoridade quer não. Se você é um líder de uma empresa global, ou um líder de um estudo bíblico na igreja, ou um líder em sua casa com os filhos, então você é pioneiro no seu campo atual!

Qual grande descoberta você perdeu que estava lhe esperando ao virar da esquina? Onde você está continuamente buscando a orientação de Deus, enquanto aplica seus talentos e administra os recursos que você recebeu? Se você já perdeu esse espírito de pioneirismo, fico imaginando quão enorme surpresa você nunca saberá que perdeu neste lado da eternidade. O que está agora em suas mãos que exige coragem, tenacidade, talvez um pouco de risco e o espírito de pioneiro?

Pouco importando onde você se encontra na vida agora, não é tarde demais. Louvado seja Deus! Temos a mesma oportunidade em nossa vida hoje para crer em Deus e ver novas oportunidades de crescimento, novas possibilidades de cumprir o nosso potencial.

A vida maravilhosa que desejamos viver pode ser sequestrada por contratempos, tropeços, obstáculos. Mas se gastarmos tempo olhando ou revivendo o passado, pode ser que nunca compareçamos ao encontro de Deus que nos espera no futuro. Nada é impossível para aquEle que o chamou, que o enviou e que promete fazer a viagem com você.

É hora de olhar a vida com o espírito de pioneirismo.

PARTE 2

Um Caminho Difícil

CAPÍTULO SEIS

O Pior Dia da minha Vida

Christ alone, Cornerstone.
Weak made strong in the Saviour's love.
Through the storm, He is Lord. Lord of All.
Só Cristo, a Pedra angular.
O fraco se fez forte no amor do Salvador.
Através da tempestade, ele é Senhor. Senhor de tudo.
— "Cornerstone", Hillsong Music, 2012

— Não é sobre você. É sobre seu pai.

Essas palavras me apresentaram um pesadelo que continuaria a desdobrar-se por todos os anos seguintes da minha vida. Eu tinha 45 anos de idade na época, e o que se desenvolveu depois dessas palavras foi um produto do passado de outra pessoa que moldaria grande parte do meu futuro.

Era no final de outubro de 1999, e George Aghajanian, meu amigo com quem trabalho por muitos e muitos anos, sentou-se em frente de mim para nossa reunião semanal de terça-feira. Como gerente geral da Igreja Hillsong, George supervisiona o quadro de funcionários e todas as funções administrativas em escala global. Ele sempre chega munido de uma lista de itens que precisamos analisar, começando com as questões simples que podemos resolver rapidamente e indo até os problemas mais graves que exigem certa discussão.

Naquele dia de outubro, primavera na Austrália, sentamo-nos em meu escritório no Campus Hills da Igreja Hillsong examinando a lista de George. Passamos pela maioria dos itens em pouco tempo, e cheguei a pensar que poderíamos encerrar a reunião um pouco mais cedo. Suspeitei que eu já não estivesse prestando a devida atenção, pois eu já estava focando nos próximos compromissos e pensando se eu podia dar uma rápida caminhada. Mas, então, George olhou para mim e disse:

— Só tem mais uma coisa, Brian.

— Fale — disse eu e acenei para ele continuar.

Ele hesitou, e eu senti que ele tinha algo importante a dizer-me. Percebi quase imediatamente pelo tom da voz e pelo olhar sério de seus olhos que, fosse o que fosse que ele estava prestes a dizer-me, não seria boa notícia.

— Não é sobre você — disse ele. — É sobre seu pai.

Meu coração disparou fortemente no peito, e parecia que todo o sangue do meu rosto fugira. George começou a me contar sobre um telefonema que o escritório da igreja recebera. Falando com um de nossos pastores, o interlocutor disse que estivera recentemente ministrando em uma igreja local e que, depois da mensagem, uma irmã pediu para falar com ele. Foi durante essa conversa que ela lhe revelou uma coisa (soube mais tarde) que carregara por muitos anos: "Frank Houston abusou sexualmente do meu filho".

De todas as coisas que George poderia ter me dito sobre papai, não havia nada que poderia estar mais longe do que eu esperava ouvir. Eu não tinha sequer uma categoria para esse tipo de acusação. Mesmo eu sabendo que foi questão de segundos, o tempo parecia ter parado enquanto uma maré revoltosa de emoções dolorosas tomou conta de mim, onda após onda. Confusão. Raiva. Incredulidade. Medo. Mágoa. Traição.

Para dar contexto, papai – William Francis "Frank" Houston – sempre fora o meu herói. Algumas de minhas primeiras lembranças remontam a assistir às reuniões de avivamento em tendas com ele no extremo norte da Nova Zelândia. Vales e aldeias inteiras do belo povo Maori, os habitantes nativos da Nova Zelândia, iam sendo salvos conforme papai pregava, noite após noite, as Boas-Novas do evangelho. Durante o dia, os moradores Waiomio ensinavam meu irmão e eu a andar a cavalo, e, no fim da tarde, ficávamos à beira do rio, pescando enguias. Dávamos um peteleco nelas entre nossas pernas e as jogávamos para a margem. Nossos novos amigos cozinhavam a pescaria e nos apresentavam às iguarias da sua cultura. Minha infância está cheia de lembranças de acenos de adeus a papai, quando ele partia para mais uma viagem ministerial. Lembro-me de observá-lo saudosamente e acreditar que eu também, um dia, faria exatamente aquilo. Grande parte de minha motivação em querer servir a Deus e edificar a igreja veio de papai. É por isso que só pensar nessa história já abalava tanto.

Nunca gostamos de pensar na vida particular de nossos pais, mas considerar as coisas que George estava dizendo sobre papai – coisas que eram tão fora do caráter do homem que me criara, me amara e me ensinara tanto sobre Deus e o ministério – era, para dizer o mínimo, inacreditável.

O pensamento de que papai, que estava então com quase 80 anos, cometesse um ato tão hediondo como o abuso sexual era paralisante. Conforme os detalhes das acusações foram sendo revelados em meu escritório naquele dia, em questão de segundos percebi que o abuso não era só contra outro homem, mas sim contra alguém menor de idade, uma criança. Alguém que, ao lado de sua família, respeitava papai, que era destacado pastor na Nova Zelândia quando o incidente aconteceu no final da década de 1960 ou início da década de 1970, e visitava Sydney na época. Isso aconteceu anos antes de meus pais se mudarem para a Austrália e abrirem o Centro de Vida Cristã dos Subúrbios Orientais, e a Igreja Hillsong não existia naquela época. Minha mente passou rapidamente dos fatos ao reconhecimento de que a ocorrência aconteceu com um menino que não tinha sequer dez anos de idade na época, e pensei comigo mesmo: Não é apenas imoral, é criminoso. Papai cometera pedofilia. Na verdade, ocorreu-me também que eu mesmo era um menino na época dos acontecimentos. Esses pensamentos começaram a me oprimir enquanto eu processava a realidade do que estava acontecendo.

O que começou como uma terça-feira comum, um bom dia para se viver, de repente tornou-se o pior dia da minha vida. E mal sabia eu o quanto ficaria pior...

O Baque Silencioso

Penso que, na vida, sobretudo como pessoas de fé, cremos que o melhor está por vir. Mas sejamos honestos: basta estarmos vivos para que tenhamos dias em que ouviremos o pior. Pode ser o telefonema no meio da noite, que nunca traz boas notícias, falando sobre a saúde de um pai ou mãe envelhecido ou da polícia que acabou de prender seu filho adolescente. Pode ser a conversa com o chefe, que você pensou que seria um encontro corriqueiro, mas subitamente transformou-se em rescisão de um contrato de trabalho. Pode ser o checkup de rotina que revela algo mais grave, ou a batida na porta que resulta em uma intimação judicial.

Sempre procuro viver com o melhor das expectativas, mas a verdade é que nunca sabemos qual será ou quando será o nosso pior dia. A vida é sazonal. A Bíblia praticamente promete: "No mundo tereis aflições" (veja Jo 16.33). Não importa o quanto a vida é maravilhosa e espaçosa, o quanto somos bem-sucedidos, ricos, cultos ou inteligentes, todos encontramos mudanças de direção no caminho da vida que nos deixam cair no buraco, coisas que nos pegam de surpresa, acontecimentos que nunca prevemos, segredos expostos que nunca imaginamos.

Foi o que se deu com a notícia sobre papai. Na época em que as acusações vieram à luz, eu era pastor da nossa igreja em crescimento e também presidente de uma denominação com mais de 1.100 igrejas. Minha mente estava girando depois da conversa com George. Mesmo que esses crimes tenham ocorrido décadas antes, quando eu ainda era garoto e, obviamente, sem eu ter conhecimento deles, no fundo do coração eu sabia que estava prestes a descobrir que as acusações eram verdadeiras. A possibilidade e, agora, a verdade ainda fazem meu estômago revirar. Não há nada que seja pior do que descobrir que seu pai é um pedófilo. Não havia algo que me fosse menos esperado e mais devastador.

Papai estava no exterior no momento de minha reunião com George, o que me deu tempo para reunir as ideias e buscar mais informações em preparação para a conversa mais difícil que já tive. Na terça-feira após sua volta, papai entrou em meu escritório para o que ele pensava ser uma reunião de rotina. Procurei ficar o mais calmo que pude e lhe descrevi o telefonema que recebêramos. Lembro que ele havia acabado de voltar do exterior e já parecia cansado. Mas quando ouviu minha declaração, ele pareceu envelhecer diante dos meus olhos. Como falar com seu pai, que também é o seu herói, sobre algo tão horrível? Houve uma longa e difícil pausa e, então, ele começou a falar. Sua boca ficou completamente seca enquanto confessava que sim, a acusação que eu estava lhe retransmitindo era verdadeira. Como presidente de nossa denominação, era minha responsabilidade suspendê-lo do ministério e pedir suas credenciais. Acredito que ele tenha saído de meu escritório naquele dia sabendo que nunca mais pregaria de novo – e nunca mais pregou.

Naquela época, papai me disse que só tinha acontecido uma vez. Ainda que eu orasse com todas as forças para que fosse verdade, eu sabia que o futuro, de repente, se tornara muito incerto.

Chega!

Ao longo de todo aquele suplício, continuei indo em frente só por saber que Deus estava comigo. Tive de confiar em seu poder para enfrentar uma situação que estava pessoal e profissionalmente além de minha imaginação. Mais do que toda a dor profissional e pessoal, eu também vivia com a consciência de que havia alguém que estava sofrendo muito mais do que eu – uma vítima inocente, cuja vida também havia sido mudada para sempre. Nessa época, eu só sabia que não podia suportar a dor sozinho e permanecer o líder que Deus havia me chamado para ser para nossa igreja e a denominação. Eu precisava de meu Pai celestial.

Jesus lidou com o sofrimento desta mesma forma, extraindo forças do poder do Pai. Deve ter sido muito difícil para Ele porque, sendo o Filho de Deus, Jesus tinha a plena capacidade de mudar a situação que Ele enfrentava. Quando o pior acontece para você e para mim, não temos a opção de estalar os dedos e fazer a coisa desaparecer, mas Jesus tinha. Mesmo assim, Ele não optou pela solução mais fácil. Preferiu sofrer e morrer como homem inocente para que todas as pessoas, que certamente merecem punição por seus pecados, pudessem ser perdoadas e vivessem para sempre.

Entretanto, Jesus também era totalmente humano e debateu-se com a forma de lidar com o difícil caminho à frente. É o que vemos na conversa que teve com os discípulos, registrada em Mateus 16. É nessa conversa que os discípulos de Jesus lhe dizem que havia pessoas que acreditavam que Ele era João Batista, Elias ou um dos profetas das gerações passadas. Então, Jesus lhes perguntou o que eles pensavam que Ele era. Pedro respondeu corretamente: que Jesus era, de fato, o Messias, o Filho de Deus enviado a terra para salvar o seu povo. Tendo em vista que não era a hora de Jesus revelar sua identidade ao público, Ele disse aos discípulos que não divulgassem a ninguém. Mas também contou a eles sobre o caminho difícil que Ele teria pela frente. Jesus disse-lhes que Ele tinha de ir a Jerusalém e enfrentar a ira de muitos líderes religiosos judeus hipócritas, antes de ser preso e executado e, depois, ressuscitado no terceiro dia. Se os discípulos conheciam as profecias do Antigo Testamento sobre o Messias, e muitos, se não todos, conheciam, então puderam perceber que Jesus não tinha uma vida fácil pela frente. Pedro ficou tão perturbado com esta visão dolorosa do futuro que ele tomou seu Mestre de lado e basicamente disse: "Não! Isso não pode acontecer contigo. Tu és o Filho de Deus! Não quero que isso aconteça e não vou permitir".

Jesus respondeu ao ataque de Pedro com uma exclamação muito dramática de sua autoria. "Para trás de mim, Satanás". Ele chamou seu querido amigo – o homem que pouco antes Ele chamara de pedra e que sobre essa revelação Ele edificaria a Igreja – da pior coisa que posso imaginar: Satanás! Parece um tanto quanto exagerado à primeira vista. Afinal, Pedro não tinha secretamente prometido lealdade ao diabo para que fosse espião e tentasse Jesus evitar o que Ele estava prestes a enfrentar. Podemos até esperar que Jesus respondesse a Pedro gentilmente: "Obrigado por tua preocupação, Pedro. Sei que tens boas intenções e não queres que eu tenha de enfrentar o sofrimento que está à frente, mas é por isso que estou aqui na terra: para salvar a humanidade de seus pecados".

Ao invés disso, Ele repreende firmemente. Jesus disse ao seu discipulo que ele foi ofensivo "uma pedra de tropeço", como é traduzido na Nova Versão Internacional (Mt 16.23, ARA), pensando mais nas coisas terrenas do que nos caminhos de Deus. Foi uma considerável condenação. Mas é uma que claramente reflete à humanidade de Jesus. Acho que Ele basicamente disse: "Olha, Pedro, as coisas já são muito difíceis! Não me tentes usar meu poder divino para evitar todos os acontecimentos dolorosos que terei de suportar. Tu estás tentando plantar ideias em minha cabeça para eu evitar o sofrimento. Tu estás tentando me fazer limitar minha visão do plano de Deus e me concentrar apenas em meu conforto. Mas isso é ser imediatista. Então, para com isso!". Enfrentamos a mesma tentação, mas temos de manter os olhos em Jesus. Ele não pegou um atalho para contornar o vale da sombra à frente.

Temos de segui-lo até ao fim.

A sua Própria Revelação

Sempre que o caminho nos fica difícil, sempre que entramos no vale da sombra e nos sentimos como se o pior tivesse acontecido, é fácil lutar com o imediatismo e a mente voltada para as coisas materiais. Assim como Jesus chamou Pedro de diabo por tentá-lo a tomar um caminho mais fácil, creio que tais pensamentos originam-se do mesmo lugar do medo. Não podemos imaginar como passaremos por uma provação tão dolorosa, por isso queremos pegar a primeira saída que vemos. Não queremos ter que sofrer incertezas de quando - ou se - sairemos do outro lado.

Em minha mente, eu sabia que não havia outra opção a não ser enfrentar. Tive de percorrer o caminho apertado que estava diante de mim.

Desse dia da confissão em diante, era minha responsabilidade falar com os anciãos do Centro de Vida Cristã dos Subúrbios Orientais e começar o que foi uma série horrível, ainda que necessária, de conversas e acontecimentos que trouxeram à tona essas revelações. Nos dias seguintes e logo que se tornou possível, nossos executivos nacionais também se reuniram em uma sala de reunião, e do modo mais franco quanto pude e sem rodeios, comuniquei a notícia devastadora para todos. Entreguei a presidência da reunião para outra pessoa e sentei-me, enquanto homens sábios, que tantas vezes antes serviram minha visão e observaram papai liderar, agora passaram a falar sobre o caminho a seguir.

Doze meses depois, mais acusações surgiram de abusos que haviam ocorrido no mesmo período de tempo, anteriormente na Nova Zelândia, às mãos de papai. Várias eram verdadeiras. Por mais doloroso que tenha sido, e ainda é, Deus prometeu permanecer ao meu lado durante todo esse vale escuro de dias de desespero.

Sabendo que eu tinha de confiar nEle como nunca antes, comprometi-me a enfrentar a verdade e fazer o que tinha de ser feito, pouco importando o quão doloroso fosse. O efeito colateral apenas em minha família foi gigantesco. Meu irmão e irmãs lidaram com a dor de várias maneiras no empenho de aceitar a verdade de que o pai amoroso que sempre conheceram era um homem com segredos perversos.

As coisas que ele fez foram erradas, terríveis e chocantes. Mas a única maneira que eu sabia para avançar era suportar a dor desse período difícil.

Para navegar com cuidado por essa situação publicamente, como pastor de alta visibilidade, tive também de processar essa notícia devastadora a nível pessoal. Como marido, pai e filho tive que contar para meus filhos sobre o avô deles, que era muito amado e um herói absoluto para todos nós. Nunca esquecerei quando falei com cada um dos meus filhos para lhes dar a notícia medonha. Todos reagiram de forma diferente, mas, na minha opinião, eles responderam incrivelmente muito bem. Ben, meu segundo filho, hoje pastor da Igreja Hillsong em Los Angeles, ouviu atentamente como adolescente de 17 anos de idade e procurou ser compreensivo. Depois de alguns momentos de silêncio juntos, eu disse:

— Ben, eu espero que isso não afete sua fé.

Ele balançou a cabeça e disse:

— Não se preocupe, pai. Isso não vai acontecer. Já tive minha própria revelação de Jesus.

Na época, essas foram as palavras mais preciosas que ouvi. Cada um de nós deve se apegar à nossa própria revelação de Jesus sempre que dias sombrios obscurecerem nosso caminho de fé.

Papai jamais voltou a ministrar outra vez, e envelheceu rapidamente enquanto a vergonha e o tormento do seu passado sombrio abatiam-se sobre ele. Cinco anos depois, sofrendo de demência e apenas dez meses após mamãe falecer, papai teve um acidente vascular cerebral enquanto tomava banho de chuveiro; ele caiu para trás, bateu com a cabeça e morreu. Meu herói desonrado se fora.

Encontro-me agora revivendo as realidades daquele dia em 1999 e ainda lido e passo com cuidado pelos efeitos dessa viagem difícil. No entanto, aprendi que, quando andamos pelo vale da sombra da morte, quando viramos uma esquina e vislumbramos um caminho apertado, cheio de dor e sofrimento à frente, nós só podemos ir adiante.

A fim de dar o próximo passo à frente e depois o outro, temos de nos apoiar em Deus e manter os olhos em Jesus. Ele promete que nunca nos deixará nem nos abandonará, mas nos guiará através dos dias mais sombrios. Portanto, até no vale da sombra da morte, com Deus ao nosso lado, podemos proclamar: "Certamente que a bondade e a misericórdia me seguirão todos os dias da minha vida; e habitarei na Casa do Senhor por longos dias" (Sl 23.6).

CAPÍTULO SETE

Entendendo o Processo da Dor

This is my prayer in the desert,
when all else within me feels dry,
this is my prayer in my hunger and need,
my God is the God who provides.
Esta é a minha oração no deserto,
quando tudo o mais em mim está seco,
esta é a minha oração na minha fome e necessidade,
meu Deus é o Deus que provê.
— "Desert Song", Hillsong Music, 2008

Sempre que penso sobre o modo como a vida de repente se inclina para os problemas, lembro-me de um dos grandes heróis da Austrália, o capitão James Cook. Ora, esse foi um pioneiro. Em 1770, ele navegou para a estupenda baía Botânica, um dos três esplendorosos portos que formam o cenário do que é hoje a cidade de Sydney, ao longo da costa leste do continente australiano. Considera-se que foi ele quem descobriu a Austrália, embora, infelizmente, tivesse descoberto da maneira mais difícil. Ninguém contou ao capitão Cook que havia a Grande Barreira de Corais, uma plataforma de 1.900 quilômetros de magníficos, porém irregulares corais e uma das grandes maravilhas do mundo. Como você deve ter suspeitado, corais irregulares e o velho navio de madeira, o Endeavour, não se deram muito bem. O capitão Cook ficou preso no recife em uma situação perigosa, e o navio começou a afundar.

Se não fosse pelo pensamento rápido de sua equipe talentosa, que começou a jogar objetos ao mar para aliviar o peso, o Endeavour teria caído em uma sepultura aquática. Mas os membros da tripulação jogaram tudo o que puderam agarrar com as mãos – balastros, ferramentas, frascos de azeitonas, sacos de grãos, até mesmo os canhões. Jogaram todos os tipos de coisas ao mar a fim de sobreviver. O navio ficou leve o suficiente para flutuar acima do recife e continuar a navegar. O local onde ficaram presos ficou bastante famoso. E adivinha como se chama? Cabo da Tribulação!

Todos temos nossos cabos da tribulação. A Bíblia diz até que tais tribulações são inevitáveis. "Tudo tem o seu tempo determinado, e há tempo para *todo o propósito* debaixo do céu" (Ec 3.1, grifos meus). Mesmo que não gostemos ou não entendamos, *tudo* significa todos os momentos dolorosos, inesperados, decepcionantes, assustadores, desafiantes, assim como todos os momentos alegres, previsíveis, emocionantes, tranquilizadores e confortáveis. A vida contém momentos de dor, de tristeza e luto, de sofrimento e cura, de briga e reconciliação.

O maior problema ocorre quando ficamos presos em nossa dor, quando não conseguimos encontrar força para nos levantar e continuar a jornada. A vida é um caminho difícil, mas ela continua avançando. Se pararmos só porque estamos com dor e não conseguimos imaginar como continuar, então perderemos o que Deus quer fazer em nossa vida. Não acredito que o sofrimento em si é de Deus, mas acredito que Ele usa o sofrimento, porque com o Senhor nada é desperdiçado. Com Cristo como modelo para viver, amar e liderar, vemos que Ele sofreu além do que podemos imaginar, para que desfrutemos a realidade da vida eterna:

> "Era desprezado e o mais indigno entre os homens, homem de dores, experimentado nos trabalhos e, como um de quem os homens escondiam o rosto, era desprezado, e não fizemos dele caso algum. Verdadeiramente, ele tomou sobre si as nossas enfermidades e as nossas dores levou sobre si; e nós o reputamos por aflito, ferido de Deus e oprimido. Mas ele foi ferido pelas nossas transgressões e moído pelas nossas iniquidades; o castigo que nos traz a paz estava sobre ele, e, pelas suas pisaduras, fomos sarados" (Is 53.3-5).

Temos um Salvador que não só sabe o que significa sofrer, mas que também voluntariamente se entregou como sacrifício em nosso lugar. Ele nos amou o suficiente para aceitar mais do que a culpa ou a injustiça por nós – Ele tomou a cruz. Cristo derrotou o pecado e a morte para que tenhamos a graça, a alegria e a esperança. Pelo fato de Jesus ter ressuscitado, podemos suportar as provações que surgem no difícil caminho da vida. Mas assim como a tripulação do capitão Cook a bordo do navio que afundava, temos de aliviar a carga se desejamos manter a navegabilidade.

Conhecendo meus Limites

Aprendi essa lição, sobre deixar de lado os pesos pesados caindo sobre mim, da maneira mais difícil. Embora eu lidasse com a situação relacionada a papai da melhor maneira que podia, confiando no poder do Espírito de Deus para me dar a coragem, força e vigor para continuar indo em frente, a dor constante teve seu preço. Quando papai faleceu em 2004, chorei pelo pai que eu conhecera em minha infância e juventude: o homem amoroso que era o meu herói e modelo, o brilhante pregador e evangelista, o homem que reunia multidões e, em um momento, as fazia gritar e gargalhar hilariantemente e, no outro, chorar, enquanto contava histórias incríveis da fé cristã. Lutei para aceitar a realidade do homem que nunca conheci, que abrigava lutas sombrias interiores e cometia atos que eu nunca poderia ter imaginado. Isso também mantinha viva a dor no meu corpo e no meu coração.

Cheguei a um ponto em que o impacto cumulativo de todo o estresse, conflito e luta tornou-se demais para mim. Ao longo dos 12 anos depois da conversa inicial sobre papai com George em meu escritório, encontrei-me em queda em direção à depressão, traumatizado pela experiência dos anos anteriores, e em declínio interno enquanto me esforçava em cuidar de todos, exceto de mim. Exteriormente, minha vida estava explodindo. Nossa igreja estava florescendo na Austrália e alçando voos a nível mundial, o impacto da Hillsong Music estava em ascensão, nosso ministério de televisão estava experimentando crescimento sem precedentes, e Deus estava dando a Bobbie e a mim uma influência crescente sobre nossos empreendimentos para o Reino. Não obstante, internamente, eu estava implodindo.

Com o crescimento, veio um nível de exposição que nunca vivenciara antes. Senti-me excluído da minha vida, da paixão e propósito que me mantinham desejoso de sair da cama pela manhã e saudar o dia à frente. Eu fazia as coisas por fazer, muitas vezes absorto em meus pensamentos, sem saber como recuperar a alegria e a paz.

Viajava muitíssimo nessa época, ministrando no exterior e construindo nossos campi globais. Com as mudanças frequentes de fuso horário e a oportunidade de dormir em aviões, eu tomava um comprimido para dormir e ter algumas horas de descanso ou para me refazer da fadiga decorrente das longas viagens aéreas. Não demorou muito para os comprimidos perderem a eficácia e eu começasse a tomar mais de um, a fim de colher o benefício pretendido. Muitos anos mais tarde, descobri que eu já não conseguia ter um sono reparador sem tomar um comprimido para dormir.

Minha família percebeu e começou a me perguntar se eu estava bem. Disse a eles que estava e tentei continuar indo em frente tanto quanto podia, pregando, falando, viajando e liderando, enquanto a Hillsong continuava a crescer e Deus continuava a fazer coisas incríveis. Os danos físicos desse período de agitação começaram a manifestar-se quando minha mente ficava dispersa, e eu não falava com a mesma confiança que tinha no ministério em anos anteriores. Deus foi gracioso para comigo, porque, apesar de minhas dificuldades pessoais, as pessoas ainda experimentavam bênçãos e encontravam liberdade em Cristo em nossa igreja. Porém, as pessoas mais próximas de mim sabiam que nem tudo estava bem com minha alma.

Certo dia, algo entrou em colapso dentro de mim. Era como se toda a força emocional em meu tanque tivesse se esgotado subitamente. Meu barco estava afundando sob o peso de excesso de bagagem e de outras questões da vida, e encontrei-me estraçalhado em um grande recife irregular de dor, medo e tristeza. Bobbie e eu estávamos visitando o nosso campus em Noosa, à beira-mar, na bela Queensland, depois de duas semanas agitadas de mini Conferências Hillsong e de viagens por todo o país. Eu estava escalado para pregar no domingo à noite e, embora tivesse preparado a mensagem, sentia-me fisicamente fraco, e meus joelhos se dobravam enquanto eu caminhava em direção à plataforma. Minhas palavras estavam incoerentes, como se eu estivesse falando jargões, e me senti mais como se eu estivesse dando uma mensagem de escola dominical, e não um sermão. Quando voltamos ao quarto mais tarde naquela noite, encontrei-me em estado de medo e pânico ao pensar nos estresses da vida, e senti falta de ar. Não conseguia respirar normalmente e senti meu coração bater cada vez mais rápido dentro do peito. Comecei a suar, e minha boca secou. Milhões de pensamentos me passaram pela mente de uma só vez, mas eu não conseguia abrir a boca para explicá-los. Ofegante e com medo, senti que estava ficando sufocado, e exclamei para Bobbie que eu achava que eu estava morrendo.

Já passava da meia-noite, e Bobbie soube imediatamente que eu estava tendo um ataque de pânico. Felizmente, ela conseguiu entrar em contato com um membro fiel de nossa congregação, um médico que, ao telefone, falou comigo no meio desse episódio e estava ansioso para me ver assim que chegássemos de volta a Sydney. Recebi o diagnóstico de Transtorno de Estresse Pós-Traumático (TEPT), e outros médicos disseram que talvez eu continuasse a ter ataques de pânico por toda a vida, mas determinei em meu coração que isso não ia acontecer.

O diagnóstico fazia sentido do ponto de vista lógico e clínico e, de certa forma, fiquei aliviado, porque repentinamente eu estava tendo a validação da minha debilidade. Entretanto, de certa forma, eu estava muito chocado. Claro que os médicos não estavam falando de mim! Eu sempre fora bastante forte para lidar com tudo. Nunca fui "o cara" que desistia sob pressão. Cresci tranquilo e despreocupado, mantive-me visionário e estava experimentando níveis de sucesso. O que havia em meu coração estava crescendo, e eu queria ser a pessoa em quem os outros poderiam se apoiar em busca de ajuda. Não dava para acreditar que eu permitira que a vida chegasse a esse ponto. Contudo, eu tinha de aceitar o fato de que eu não era invencível. Embora o meu Deus seja Todo-poderoso, eu não sou. Meu corpo, mente e espírito têm limites.

Imediatamente, tirei alguns dias de folga para pensar em minhas prioridades, mudando, assim, minha maneira de viver e liderar. Tomei importantes decisões sobre a maneira como eu lidava com viagens e ministério, parei de tomar os comprimidos para dormir, que já estavam modificando meu comportamento e impactando negativamente minhas emoções, e deixei Deus assumir o controle das tensões que me sobrecarregavam. Durante esse tempo, eu sabia que havia muitas pessoas orando. Sempre fui abençoado com uma família incrivelmente amorosa e solidária. Pela graça de Deus, recuperei-me em pouco tempo. Nunca tive outro ataque de pânico e espero nunca mais ter. Esse solavanco na estrada foi inesperado; mas, com a ajuda da família, conselheiros de confiança e a paz de Deus, meu navio não afundou. Por mais dolorosas que sejam as circunstâncias e pouco importando o grau de dificuldade do caminho da vida, você não será destruído. Creio que a vida é feita de escolhas, e podemos optar por cooperar com as palavras de morte e doença faladas sobre nossa vida, ou podemos escolher subir acima delas. A angústia que você sente é real, só que há algo mais poderoso, mais potente, mais abrangente que as perdas, os problemas ou os traumas emocionais que nos sobrevenham: o amor de Deus através do poder de seu Filho, Jesus Cristo.

> "Porque estou certo de que nem a morte, nem a vida, nem os anjos, nem os principados, nem as potestades, nem o presente, nem o porvir, nem a altura, nem a profundidade, nem alguma outra criatura nos poderá separar do amor de Deus, que está em Cristo Jesus, nosso Senhor!" (Rm 8.38, 39).

Não importa o quão difícil e apertado seja o caminho da vida. Nada pode separar você do amor de Deus.

Processo e Progresso

Ainda que nada possa nos separar da presença de Deus, a fim de nos recuperar, nos curar e ficar mais forte, precisamos entender o processo da dor. Embora haja o desejo de que tudo acabe amanhã, a maioria das aflições não desaparece no dia seguinte. Está claro na Bíblia que o sofrimento e as lutas são um processo contínuo, e não um acontecimento ou momento único. Quando penso sobre minhas experiências, quero progredir por minhas dificuldades sem ter de passar pelo processo. Devemos, no entanto, perceber que a dor não pode ser devidamente compartimentada e encaixotada numa prateleira. Os eventos dolorosos que sofremos sangram em nossa vida todos os dias se os ignorarmos.

Vimos na Bíblia que "tudo tem o seu tempo determinado, e há tempo para todo o propósito debaixo do céu" (Ec 3.1). Significa que, se cada tempo tem um propósito, então há um processo para que esse propósito opere. Pelo que sentimos, não vemos um bom propósito nas provações da vida, mas é incrível como Deus usa tudo e qualquer coisa para fazer você avançar e tornar você uma pessoa melhor, para tornar você mais forte, mais sábio e mais compassivo. Para dar ao seu ministério um pouco mais de profundidade, à sua empresa um novo sopro de vida. Para dar à sua família uma segunda chance em termos de afeto e compreensão. Para forçar você a ir aos braços de Deus, em uma relação mais íntima e mais próxima. Embora eu tenha experimentado aflições desde então, internamente meu coração e alma permanecem firmes. Sendo assim, por mais que queiramos, não podemos ignorar a importância do processo. Já aprendi a reconhecer e admitir o processo da dor e também aprendi a cooperar com a resposta, ao invés de continuar a ser a vítima para o problema. Na Bíblia, há muitos exemplos para descrever o que acontece quando não esperamos o tempo de Deus e adotamos o processo das circunstâncias dolorosas. Quando procrastinamos e evitamos as escolhas e ações difíceis necessárias para passarmos pela dor, o resultado é a calamidade. A negação só agrava a dor e faz com que ela cresça e apodreça como uma infecção física. Quando nossos filhos eram pequenos, como muitas famílias jovens, optávamos por viagens de carro em vez de fazer as caras viagens de avião. As longas viagens de carro, sem dúvida, deflagravam a conhecida pergunta do banco de trás:

— Falta muito?

Hoje, meus filhos recordam minha resposta com humor sarcástico, mas minha resposta consistente era sempre:

— Sim... ainda faltam muitos e muitos quilômetros!

Não havia diminuição da realidade do longo caminho a percorrer, e minha resposta honesta tinha o propósito de fortalecê-los para a viagem.

Nossas aflições são semelhantes. Não demore a tratar o que deve ser tratado no início do processo na esperança de poder evitar ou, de alguma forma, minimizar o sofrimento. Por mais excruciante que pareça no momento, fazer a coisa certa e ser obediente a Deus permite você passar pelo processo mais rápido e mais consciente do que está por vir.

Sustentador da Alma

Aceitar o processo não significa chafurdar na autopiedade ou depender de esforços próprios para fazer superar a dor. Nos próximos capítulos, exploraremos o papel das relações e o poder da comunidade no difícil caminho da vida, mas, por ora, deixe-me dizer que você deve aceitar o fato de que todos precisamos de apoio. Quando você está no meio de uma tribulação repleta de tumultos e traumas emocionais, então você precisa do consolo das pessoas, você precisa de apoio, você precisa de Deus.

Mencionei anteriormente que a Bíblia está cheia de exemplos de como a vida é difícil e mencionei também o processo da dor. Talvez não haja melhor e mais concentrado exemplo dessa verdade do que o que encontramos nos Salmos. Como você sabe, os Salmos são uma coletânea de poemas e letras de música, muitos deles escritos por Davi, o menino pastor que se tornou rei de Israel. Muitas das belas palavras de Davi refletem a alegria e pura maravilha que ele experimentou em seu relacionamento com Deus. Porém, muitas também refletem sua raiva, dor, sofrimento e medo.

No Salmo 142, uma de suas expressões mais cruas, Davi começa dizendo: "Com a minha voz clamei ao Senhor; com a minha voz ao Senhor supliquei. Derramei a minha queixa perante a sua face; expus-lhe a minha angústia" (142.1, 2). Daí, ele põe-se a fazer um tipo de lista sobre a razão de ele estar se sentindo tão deprimido. Revela, basicamente, o quanto está deprimido, com a sensação de que todos querem pegá-lo, pois colocam armadilhas para ele, ignoram sua dor e não reconhecem sua necessidade de consolo. Tais emoções são comuns a todos nós: "Ninguém se importa comigo", "Essa pessoa está a fim de me prejudicar", "Por que ninguém me ajuda?", "Pobre de mim!".

Mas Davi conclui o Salmo, lembrando-se do que ele sabe ser verdade: "Senhor, [...] tu és o meu refúgio" (veja o Sl 142.5). Na verdade, esse tema e frase semelhantes ocorrem em muitos outros Salmos, entre eles o 18, o 46, o 62 e o 91. Devemos clamar a Deus, deixando-o saber que estamos sobrecarregados de dor, de tristeza e de raiva. Não sei dizer quantas vezes, durante os meses e anos após outubro de 1999, afastei-me emocionalmente ou questionei a maneira como as pessoas tratavam minha dor silenciosa. Entretanto, mesmo quando eu não sabia se conseguiria lidar com a situação, minha certeza era de que Deus poderia lidar com minha dor. Assim como Davi, clamei por Ele e me lembrei do que eu sabia ser verdade, mesmo que eu particularmente não o sentisse naquele momento.

Deus *sempre* será o sustentador da sua alma.

Especialmente nos piores dias de sua vida.

Tira a minha Alma da Prisão

No Salmo 142, Davi declara: "Tira a minha alma da prisão, para que louve o teu nome" (142.7). Como representado no Salmo 142, Davi faz o que temos de fazer, a fim de passarmos pelo processo da dor que ocorre quando a vida fica difícil. Ele escolheu cercar-se de justos, e mesmo que tivesse começado o Salmo com choro, terminou com louvor.

O Salmo de Davi me lembra muito de uma história ocorrida dentro de nossa igreja, que continua extremamente pessoal para Bobbie e eu. Enquanto meus filhos estavam na escola, encontraram um jovem chamado Matt, ou "Stealth",* como todos os seus companheiros o chamavam. Stealth era um jovem nadador talentoso e estudante brilhante, com muita força e determinação, o tipo de amigo que você ia querer para seus filhos. No entanto, a dor que ele sofreu em sua jovem vida foi mais do que a maioria das pessoas poderia suportar.

Com pouca idade, Stealth foi adotado por uma família maravilhosa. Seus pais adotivos cuidaram dele sem medir esforços, mandando-o para uma boa escola e amando a ele e a seus irmãos como se fossem seus próprios filhos. Quando ele estava no início da adolescência, a mãe de Stealth foi diagnosticada com câncer e se enfraqueceu rapidamente, vindo a falecer logo após ele completar 17 anos. Apenas alguns anos mais tarde, seu pai também faleceu, deixando Stealth e seus irmãos órfãos. Ele precisava de uma família, e foi nosso privilégio trazê-lo para o nosso mundo.

Stealth viveu seus dias de universidade ao lado de meu filho Joel, e foi parte integrante de nossa igreja, onde conheceu Jill, uma de nossas jovens estudantes na Faculdade Hillsong. Jill era dos Estados Unidos, uma jovem incrivelmente talentosa que servia em nossa equipe de adoração como líder e compositora. O romance desenvolveu-se rapidamente, até que se casaram. Dois anos depois do casamento, compartilharam conosco a notícia animada de que eles estavam esperando o primeiro filho.

Max Kingston McCloghry nasceu com apenas 23 semanas de gestação e foi estar com Jesus no mesmo dia. Matt contou-me que seus amigos reuniram-se no hospital durante essas horas incertas e juntaram-se a eles quando clamaram a Deus pelo casal e seu primogênito, cuja pequena vida tocou tantos. A dor que Stealth já tinha experimentado

* **N. do T.:** Stealth significa furtividade, invisível ao radar.

em sua jovem vida culminou naquela noite de fevereiro, quando ele e Jill choraram por causa do filho que haviam desejado e amado, só para ficarem desiludidos por uma tragédia tão injusta e inexplicável.

Este foi um dos funerais mais difíceis que já tive de fazer. Por causa do amor e respeito que temos por Stealth e Jill, Bobbie e eu, bem como nossos filhos e os membros da igreja choramos naquele dia quando dissemos nossas despedidas. Creio que os acontecimentos que se desenrolaram ao longo das próximas semanas fizeram a dor e a derrota das circunstâncias curvarem-se à poderosa cura e conforto que temos em Jesus.

Poucos dias depois do funeral do bebê Max, estávamos sediando a Conferência de Mulheres de 2008 e também começando a gravar o CD Hillsong Worship intitulado This Is Our God (Este é o Nosso Deus). Brooke Ligertwood estava terminando de escrever a letra de uma nova música, e seu relacionamento com Jill levou-a a pedir à amiga – que estava, obviamente, passando pelos dias mais escuros da vida –, se ela consideraria em conduzir a adoração ao lado dela naquela noite, apenas algumas semanas após a perda. Quando Jill subiu bravamente à plataforma naquela noite, o sentido da presença de Deus era muito tangível. Como muitas pessoas testemunhariam naquela noite, quando ela cantou, era como se sua alma fosse libertada da prisão de seus ferimentos. Naquela noite, ela levou um estádio inteiro a se levar em adoração ao Senhor como nunca antes. Ela corajosamente declarou:

All of my life, in every season,
You are still God.
I have a reason to sing,
I have a reason to worship.
Toda a minha vida, em todos os tempos,
Tu ainda és Deus.
Tenho uma razão para cantar,
Tenho uma razão para adorar.
— "Desert Song", Hillsong Music, 2008

O luto é um caminho difícil, o qual não deve ser menosprezado. Muitos anos depois, ainda percorrendo a jornada de cura (e ser uma bênção para muitas pessoas que estão percorrendo a mesma jornada),

Jill e Matt estão criando duas lindas crianças, dons de Deus, e vivem uma vida maravilhosa e ampla em Nova York. Pelas escolhas de pessoas cujo coração está firme e apaixonado por Jesus, e por causa da graça infinita de um Deus Todo-poderoso, o que começou como prisão da dor tornou-se prisma de louvor.

Paz como um Rio

Não importa quem você seja ou quantos anos de fé você tenha, todos nós teremos dificuldades e provações. Porém, nesses tempos, você descobre que a força de seu espírito e a saúde de sua alma vêm de Deus. Tais retrocessos têm seu custo, e olhamos para Deus e as pessoas em busca de consolo, mas a Bíblia nos diz para não deixarmos que os problemas do mundo nos destruam: "O espírito saudável vence a adversidade, mas o espírito abatido, como curá-lo?" (Pv 18.14, versão A Mensagem). Comprometa-se a completar a carreira com Deus, permitindo que a sua graça o carregue, o capacite e o sustente quando você estiver sobrecarregado e não souber o que fazer para prosseguir.

Creio eu que ficamos no caminho da cura sobrenatural que Deus quer nos dar quando estamos em meio à dor. Se eu tivesse fixado meus pensamentos apenas no que papai fez e em todas as terríveis repercussões, então eu teria ficado paralisado pela tristeza, pela raiva e pela amargura. Tive de manter minha perspectiva centrada em Cristo. *O que você foca na vida determina se você experimentará ou não a paz de coração.* A Bíblia oferece instruções claras sobre como encontrar e viver em um lugar de paz, assim como mostra também o que nos tira a paz.

Ansiedade e preocupação trabalham em oposição à paz interior. Quando você está preocupado ou ansioso com alguma coisa, mesmo que seja algo que deve ser enfrentado e aceito como um processo, você deixa pouco espaço para a paz de Deus. Como descobri, a preocupação é um verdadeiro perigo para a saúde. A Bíblia diz: "A ansiedade no coração do homem o abate, mas a boa palavra o alegra" (Pv 12.25, ARA). Ou de acordo com outra tradução bíblica: "As preocupações roubam a felicidade da gente, mas as palavras amáveis nos alegram" (NTLH).

A paz fluirá como um rio, desde que você não permita que seu coração se endureça e forme uma represa. Eu não podia fazer nada para mudar o que papai fizera há tantos anos. Jill e Matty não tinham controle das circunstâncias que lhe ocorreram na vida. Eles tinham de concentrar-se em continuar indo em frente. Preocupar-se é confiar em sua capacidade e não descansar na fé do poder e da bondade de Deus. A Bíblia é inegavelmente clara: "Não estejais inquietos por coisa alguma; antes, as vossas petições sejam em tudo conhecidas diante de Deus, pela oração e súplicas, com ação de graças. E a paz de Deus, que excede todo o entendimento, guardará os vossos corações e os vossos sentimentos em Cristo Jesus" (Fp 4.6, 7).

Se você quiser viver uma vida maravilhosa, espaçosa e abundante como Jesus, especialmente quando a vida fica difícil, então tome a decisão diária de crer em Deus conforme a sua Palavra. Acredite que a promessa que Ele tem para você é de sucesso conforme você semear as sementes da fé e da paciência. Peça a Deus que ajude você a ser paciente à medida que você passar pelo processo da dor e esperar pelas promessas que Ele tem para você. Peça a Ele que encha você de esperança e confiança, crendo que Ele é um Deus bom que quer coisas boas para você. E peça a Ele também que conceda a você a paz prometida em sua Palavra: "E a paz de Deus, que excede todo o entendimento, guardará os vossos corações e os vossos sentimentos em Cristo Jesus" (Fp 4.7).

A vida ampla e espaçosa é sua porção – mas oh, quão imprevisível pode ser o seu caminho!

CAPÍTULO OITO

Vergonha, nunca mais

A thousand times I've failed,
still Your mercy remains,
and should I stumble again,
still I'm caught in Your grace.
Mil vezes fracassei,
contudo, a tua misericórdia permanece,
e se eu tropeçar de novo,
ainda estou preso em tua graça.
— "From the Inside Out", Hillsong Music, 2006

Quando eu tinha 13 anos, mamãe chamou meus irmãos e eu para a sala de estar e disse-nos que tinha uma grande surpresa para nós. Ela e papai concordaram em cuidar de um bebê por um tempo, mais ou menos como pais adotivos, e ela precisava de que todos nós ajudássemos. Fiquei surpreso, assim como o restante da família, tendo em vista que era a primeira vez que tínhamos ouvido falar a respeito. Mas, como era de se esperar, algumas semanas depois, mamãe trouxe o bebê para casa, e nós cuidamos dele por um ano.

O que eu não sabia até então era que o bebê era, na verdade, meu sobrinho. Minha irmã mais velha, que tinha aproximadamente 17 anos na época, havia se mudado de Wellington, Nova Zelândia, para Melbourne, na costa leste da Austrália. O que não sabíamos era que nossos pais a tinham secretamente mandado para longe quando descobriram que ela ficou grávida fora do casamento. Sendo eles pastores de uma igreja, meus pais estavam sentindo o peso da culpa e da vergonha associados com a mentalidade da época, e viam-se como se tivessem pouca escolha a não ser mandá-la para longe. Mais tarde, descobri que ela foi enviada para a Austrália por meses antes de ser calmamente trazida de volta para a Nova Zelândia, para uma pequena cidade chamada Martinborough, que fica do outro lado da cordilheira Rimutaka em relação à nossa casa. Foi onde ela teve o bebê que veio e passou seu primeiro ano de vida com a gente.

Levou algum tempo para eu descobrir o segredo de minha irmã. Lá estava eu vasculhando algumas gavetas anos depois, quando encontrei a papelada e me dei conta de que a mãe do menino era minha irmã! Naquela época e naquele cenário, havia muita vergonha associada a mães solteiras e, por isso, fizeram minha irmã sentir todo o peso da coação. Hoje, fico triste ao pensar na ideia de minha irmã ter tido um bebê às ocultas como segredo vergonhoso, e não como bênção maravilhosa. Isso a afetou por muitos anos, mas, felizmente, a história tem um final feliz. Hoje, meu sobrinho Rick e sua mãe e irmãos desfrutam de um relacionamento familiar próximo.

Sei que minha irmã não está sozinha em ter de enfrentar uma vergonha secreta. Muitas pessoas permitem que suas ações sejam envenenadas pela vergonha que, depois, as controla. A vergonha rouba de você as bênçãos que Deus tem para você, e ainda tenta mandar em você para que você não sinta a força do amor de Cristo. A vergonha torna o caminho apertado ainda mais traiçoeiro e mortal.

Mas isso não precisa ser assim.

Livrando-se dos Grilhões da Vergonha

Um dos maiores obstáculos para desfrutar das bênçãos que Deus nos concede é o peso pesado da vergonha. Infelizmente, muitas pessoas não compreendem o poder da vergonha e o que ela está fazendo com elas, a prisão que as mantém presas. A vergonha nos isola e nos oprime, sobrecarregando-nos com o passado de modo a sabotar nosso futuro glorioso. A boa notícia é que, pela salvação em Jesus Cristo, temos a liberdade da vergonha.

Veja bem, todo mundo tem um passado. Você não está sozinho com a vergonha de erros e fracassos do passado. Todos têm coisas que querem esquecer, coisas que querem deixar para trás, coisas que os assombram com noites sem dormir. Permitimos que o passado defina nosso estado de espírito, a maneira como nos sentimos e o modo de pensarmos. Se suas imprudências do passado foram há anos ou são tão recentes quanto a noite passada, há poder contra a escravidão que o pecado envolveu você. A Bíblia diz que o salário do pecado é a morte (cf. Rm 6.23). Se você pensar a respeito por um momento, perceberá que o que ganhamos quando pecamos é a nossa própria destruição. Pensamos habitualmente em cheque ou depósito de pagamento quando ganhamos salário, mas quando pecamos, ganhamos o salário da morte.

A graça, por outro lado, concede-nos um dom, a saber, o dom precioso da justiça diante de Deus. Não temos de ganhá-lo. Não conseguiríamos, mesmo que tentássemos. Só temos de pedir o dom e aceitá-lo. "Porque, se, pela ofensa de um só, a morte reinou por esse, muito mais os que recebem a abundância da graça e do dom da justiça reinarão em vida por um só, Jesus Cristo" (Rm 5.17).

Você está governando e reinando em vida?

Você está tendo domínio?

Considere o que esse versículo nos fala como seguidores de Jesus hoje: "O dom da justiça fará com que você reine em vida por Jesus Cristo". Você é chamado para florescer em vida, para desfrutar a vida ampla, livre e abundante que temos por Cristo. Veja como o Antigo Testamento descreve esse dom: "O justo florescerá como a palmeira". E continua: "Crescerá como o cedro no Líbano. Os que estão plantados na Casa do Senhor florescerão nos átrios do nosso Deus" (Sl 92.12, 13).

Se você estiver vivendo sob o peso da culpa, da vergonha, da condenação, você não está florescendo. Você não está governando e reinando. A Bíblia diz que o justo pode reinar em vida. Você pode governar e ter domínio, mas se você estiver vivendo em vergonha, você não está governando, e sim sendo governado. Em vez de ter domínio, você está sendo dominado e dominado por coisas que não têm poder ou valor para sua vida.

Você pode viver pensando que merece se sentir mal com as coisas que aconteceram antes. Não estou dizendo que você não deve levar a sério seus pecados passados. O que estou dizendo é que há verdadeira esperança em Jesus. Seu foco deve estar em seguir Jesus, não em olhar por cima do ombro e lamentar o que você não pode mudar. A vergonha é uma prisão, mas a porta da cela está aberta.

Jesus chama você para segui-lo na liberdade da graça.

Seja Sábio

Um de meus versículos preferidos é Provérbios 15.24: "Para o sábio, o caminho da vida é para cima". Infelizmente, em vez de ir para cima, há pessoas que entram em acentuado declínio, em uma espiral decrescente, porque veja o que acontece: o pecado leva à culpa, a culpa leva à vergonha, a vergonha leva à condenação, e a condenação leva à morte.

Se uma construção está condenada, então significa que ela é imprópria para uso. Está desclassificada. É boa apenas para ser demolida. É assim que muitos indivíduos vivem a vida. Vivem se sentindo condenados e impróprios quando se trata de servir a Deus, talvez até quando se trata de estar na casa de Deus, quando se trata de adorar, quando se trata da graça de Deus. Sentem-se indignos, imperdoáveis e até não amados.

Há indivíduos que são salvos, mas não são livres. Não acreditam que merecem ser felizes, aproveitar a espaçosa e alegre vida que Deus tem para eles. Sentem-se como se estivessem desqualificados. São impróprios para a felicidade. Mas não é verdade! Isso não passa de mentiras do diabo.

O pecado torna-se culpa, que é algo que sentimos, uma emoção. Mas a vergonha é algo que você carrega, é um estado de ser. As pessoas dizem: "Tenha vergonha!", e tentam jogá-la em cima de você. Julgam você, condenam você e tentam fazer você sentir a dura aguilhoada da rejeição.

Você já teve vergonha quando lhe disseram algo? Já se sentiu pior por causa da maneira como os outros trataram ou olharam para você depois que souberam o que você fez? Enquanto o pecado é algo que fazemos e as emoções são algo que sentimos, a vergonha é algo que está em outro nível. É algo que você carrega, um peso e um fardo. Você anda na rua com ela e sente que ela pressiona você para baixo. Em última análise, é exatamente o oposto da bênção de Deus.

Se quisermos nos livrar da vergonha, então teremos de entender o completo poder do que Jesus Cristo fez por nós. Se você carrega a vergonha, então você não está carregando o que vem com a bênção de Deus. Com a bênção de Deus, você tem o pleno benefício de tudo o que está em seu nome. Não há outro nome que ofereça salvação que liberta os cativos, que perdoa a condenação do pecado. Se você permite que outras coisas sejam colocadas sobre você, se você permite que outras coisas roubem, governem e prendam você, então, infelizmente, você está vivendo muito abaixo das expectativas que Deus tem para sua vida.

O pecado deprecia você. A Bíblia diz: "Porque todos pecaram e destituídos estão da glória de Deus" (Rm 3.23). Se você pensar a respeito, se você estiver destituído da glória de Deus, então significa que o pecado faz você diminuir. Diminui você. Diminui o seu potencial, o seu relacionamento com Deus e a sua confiança. Você não pode andar por aí com ousadia e confiança se estiver andando com a cabeça baixa sob o peso da vergonha.

Quando as pessoas vivem dominadas pela vergonha, ocorre um enorme efeito tóxico. Elas vivem sob o poder da condenação, como alguém que tem uma nuvem negra que paira constantemente sobre ele. A Bíblia na versão A Mensagem (Editora Vida) descreve a condenação como uma nuvem escura e depressiva (Rm 8.1, MSG), que está sempre prestes a enviar um raio para atingir e punir você.

Entretanto, isso não se alinha com a verdade da Palavra de Deus e do poder da morte e ressurreição de Cristo. A Bíblia revela: "Deus amou o mundo de tal maneira que deu o seu Filho unigênito" (Jo 3.16). Revela também a razão exata pela qual Ele o enviou: "Deus enviou o seu Filho ao mundo não para que condenasse o mundo, mas para que o mundo fosse salvo por ele" (3.17). Muitas pessoas conhecem bem a primeira parte do versículo, mas a plenitude do poder está revelada na segunda. Seu Pai celestial queria dar a você a liberdade de uma vida plena e vibrante. Queria que você experimentasse a salvação e a vida em abundância.

Então, Ele enviou Jesus.

O Suco de Laranja mais Gostoso que já Provei

Temos de aprender a viver a vida como homens e mulheres salvos. Isso significa liberdade do pecado, liberdade da culpa, liberdade da vergonha, liberdade da condenação. Lembre-se: o pecado é algo que você faz, a culpa é algo que você sente, e a vergonha é algo que você carrega. O peso da vergonha ataca você repentinamente, e a condenação vence você. A condenação quer que você acredite que, assim como uma construção condenada, você também é impróprio para uso. Essa não é a vontade de Deus para sua vida. Nunca chegaremos a um ponto em que não precisamos nos lembrar. Quando nosso caminho torna-se difícil, a vergonha tentará raptar nossa rota. Às vezes, é quando a vida está indo bem e você está desfrutando de grande bênção do Senhor. O diabo não permitirá que você aproveite a bondade de Deus sem tentar frustrá-lo e sufocá-lo com a vergonha.

Sei, por experiência própria, que a vergonha pode atacar você de emboscada na próxima esquina.

Em 2002, a Igreja Hillsong tinha acabado de terminar um grande aumento nas instalações e dedicado o novo centro de adoração e convenção. Na época, éramos conhecidos em todo o mundo por causa de nossa música de adoração. Na Austrália, porém, as pessoas, em sua maioria, nunca tinham ouvido falar de nós. O povo comum na rua não sabia que existíamos.

Repentinamente, surgimos na cultura predominante de forma inesquecível. Como em muitos países, os maiores jornais da Austrália têm grandes edições nos finais de semana, em geral com um caderno espalhafatoso no centro do jornal. Em um sábado, não muito tempo depois de nossas novas instalações estarem concluídas, o jornal de maior circulação da Austrália publicou Bobbie e eu na capa do caderno de fim de semana. Não havia nada que fosse lisonjeiro.

Fomos tão humilhados e ficamos tão chateados, tão magoados. Tínhamos cooperado ingenuamente e posado para fotos com o autor do artigo semanas antes e tentáramos ser o mais transparentes possível. E agora, ele nos enganou. Sentimo-nos traídos e trapaceados, ludibriados por acreditar que seria um retrato justo e equilibrado de nós e de nosso ministério. Mas não foi. O artigo tinha várias páginas e era uma deturpação total, pois torcia nossos motivos e menosprezava tudo o que defendíamos.

Lembro-me de me sentir tão envergonhado, tão constrangido. Estávamos na praia Bondi na manhã do sábado em que os jornais foram publicados. Era fim de semana, e todos estavam engajados nas atividades normais do dia, desfrutando da praia e do clima agradável. Os cafés estavam lotados com muitas pessoas relaxando e desfrutando de um agradável café da manhã ao ar livre. Parecia que todo mundo estava lendo o jornal, segurando o caderno especial de fim de semana com nossa foto e aquela legenda terrível. Lembro-me de andar pelo habitual calçadão, um lugar que gostávamos e onde anteriormente nos sentíamos em casa, mas agora nos sentíamos tão humilhados, tão envergonhados. Naquela manhã, entramos num café para tomar o café da manhã. Tínhamos estado muitas vezes nesse estabelecimento; portanto, éramos conhecidos pelos funcionários. Estava me sentindo envergonhado e procurava manter a cabeça baixa para que ninguém me reconhecesse, quando o garçom veio e eu pedi um suco de laranja. Minutos depois, ele voltou com o copo de suco de laranja mais surpreendente que já vi. Em vez do copo de suco normal, o meu estava todo enfeitado de frutas ao redor da borda do copo gigante de suco de laranja fresco. Depois de colocar o copo diante de mim, o garçom olhou para mim e disse:

— Você é um bom rapaz.

Suas palavras, sua bondade e a referência tácita que ele fazia falaram com a minha alma. Quebraram o jugo da vergonha que estava em cima de mim. Nunca antes me senti tão grato por um garçom em um restaurante. É incrível como Deus usa momentos em nossa vida para comunicar-se conosco e assegurar-nos do seu amor. Ele queria que eu soubesse que, só porque o jornal havia imprimido aquelas distorções e invencionices, não significava que todo mundo acreditava.

Já voltei a Bondi muitas vezes desde aquela agridoce manhã de sábado. Essa praia é um dos meus lugares preferidos no mundo. Recusei-me a permitir que a vergonha me governasse, e proíbo que a vergonha se apegue a mim. Aprendi também a não ser governado pelas opiniões e atitudes dos outros. Sou um homem livre por causa da graça de Jesus Cristo. Sou amado sem medida por meu Pai celestial.

E você também.

Florescer em Liberdade

Você tem de perceber a vitória que Deus lhe dá sobre a vergonha. Creio que você tem de aprender a andar de cabeça erguida nas Boas-Novas do evangelho de nosso Senhor Jesus Cristo. Ele lhe dá todos os motivos para manter a cabeça erguida, para andar de cabeça erguida e para recusar-se a permitir que a vergonha seja colocada sobre você. Viva livre.

Nós mesmos não conseguimos nos livrar da vergonha que procura nos manter em autoestrangulamento. Cristo quebrou por nós o poder da vergonha: “Portanto, agora, nenhuma condenação há para os que estão em Cristo Jesus, que não andam segundo a carne, mas segundo o espírito" (Rm 8.1). Observe a distinção que esse versículo faz. Ele não diz que você não sofrerá tentações nem diz que as coisas não podem ficar feias. Ele diz que não há nenhuma condenação! A condenação não tem direito sobre você e sua maravilhosa e abundante vida de liberdade em Cristo. Deus quer quebrar o poder da vergonha sobre sua vida.

E quanto a você? Você crê que não tem absolutamente nada de que se envergonhar por causa do que Jesus fez por você? Você ainda está condenando a si mesmo? Talvez você acredite que Deus o perdoou. Talvez aceite que as pessoas queiram perdoá-lo pelo que você as prejudicou. Mas você está disposto a permitir que a graça de Deus impregne você até aos ossos?

O caminho da vida tem dificuldades próprias sem que o dificultemos mais do que tem de ser. Não permita que o inimigo provoque você com os erros do passado. Deus não se lembra deles. Então, por que lembrar-se deles? A justiça é o seu dom gratuito. Viva conforme esse dom, mergulhe-se nele e floresça como a palmeira.

Você vive pela fé, não pela vergonha.
Você é amado.
Você é livre.
Você foi perdoado.
A vergonha não tem direito sobre você.
Você pertence a Jesus.

CAPÍTULO NOVE

Confie em mim

I believe in God, Our Father,
I believe in Christ the Son.
I believe in the Holy Spirit, Our God is three in One.
I believe in the resurrection, that we will rise again.
For I believe in the Name of Jesus.
Creio em Deus, nosso Pai,
Creio em Cristo, o Filho.
Creio no Espírito Santo, nosso Deus é três em um.
Creio na ressurreição, que ressuscitaremos.
Porque creio no nome de Jesus.
— "This I Believe (The Creed)", Hillsong Music, 2014

— Meu púlpito é maior que o seu.

Essas palavras, ditas para mim com um sorriso arrogante por um jornalista australiano, enquadram 12 anos de intensa investigação da mídia. Na verdade, temos um depósito no escritório de nossa igreja com estantes dedicadas a anos de recortes de jornais, fitas de vídeo, CDs e DVDs cheios de histórias sobre a Igreja Hillsong publicadas pela mídia australiana.

Na maior parte, não é só o que a mídia disse sobre Bobbie e eu e a Igreja Hillsong, mas também o que ignoraram que dói mais. As respostas raramente foram publicadas, e as pessoas com motivações antirreligiosas parecem promover grande parte da percepção negativa que compunha o que a comunidade acreditava sobre nós.

Parte disso eu mesmo ocasionei. Nos primeiros dias da Igreja Hillsong, escrevi um livro intitulado You Need More Money (Você Precisa de Mais Dinheiro). No que eu estava pensando? Eu era jovem e ambicioso, com pouca influência fora de nossa igreja local, e pensei que os leitores seriam atraídos por um título provocante. Eu poderia também ter pintado um alvo em minha cabeça, porque os críticos apanharam o título e nos rotularam de "pregadores da prosperidade" que ensinam um "evangelho da prosperidade". Odeio esses termos! Sempre houve apenas um único e suficiente evangelho: o evangelho de Jesus Cristo.

Talvez a crítica do livro pudesse ser mais bem resumida em uma conversa que um amigo meu teve com um pastor evangélico que se juntou ao coro de opiniões. Imediatamente após a avaliação condenatória do livro (que, mais tarde, ele admitiu nunca ter lido), em conversa com meu amigo, disse que sua igreja estava necessitando de um pastor de jovens, porém não tinham os recursos necessários para contratar um. E é aí que reside a tese do meu livro!

Veja bem, sem dinheiro, é difícil (como ministério, como negócio, como família) realizar os empreendimentos do Reino que estão em seu coração. Os missionários precisam de dinheiro, as igrejas precisam de dinheiro, criar os filhos requer dinheiro. Na verdade, o livro descreve muitos dos perigos relacionados ao amor ao dinheiro e como Deus não está interessado em atitudes de ganância, mas também diz que Ele se preocupa em nos abençoar, a fim de que nós, por nossa vez, usemos o que temos para que nós (e os outros) estejamos equipados para a viagem. Como Deus disse a Abraão: "Abençoar-te-ei, e engrandecerei o teu nome, e tu serás uma bênção" (Gn 12.2).

Seja como for, eu deveria ter tido muito mais cuidado para que o livro não pudesse ser tirado do contexto e perdesse a eficácia. É imprudente quem não aprende com as críticas. Mesmo que os fatos estivessem errados ou fossem distorcidos, a percepção pode nos ensinar e nos levar a ser melhor e fazer melhor – isso se permitirmos.

O surpreendente sobre essa crítica foi que, durante sua vigência, o apoio que Bobbie, nossos filhos e eu pessoalmente recebemos de nossa igreja local e de muitas outras foi inigualável. Todas as tentativas de nos desencorajar e jogar lama em nós só fizeram com que as pessoas, que conheciam a verdade por suas experiências com a Hillsong, se levantassem corajosamente e se mantivessem firmes no que acreditavam, que Bobbie e eu sempre procuramos viver de acordo com os princípios que ensinamos aos outros.

Uma das coisas que aprendi com essas aflições foi como a Igreja de Deus é resiliente. Deus diz: "Edificarei a minha igreja, e as portas do inferno não prevalecerão contra ela" (Mt 16.18), e vimos essa verdade em ação em todos os sentidos, conforme crescíamos em tamanho e em termos de influência. O que também aprendi é que não é o que a mídia diz que vai ferir você. É o que a mídia diz e que é verdade. Praticar o que pregamos e fazer a jornada em frente dos membros da igreja e da comunidade com sinceridade e transparência é primordial.

Desenvolver a coragem para viver com convicção e prestação de contas é a porta para a realização na vida, no amor e na liderança. Na minha experiência, sempre vale a pena o esforço de trabalhar em meio à mágoa e decepção, e ver as circunstâncias menos que ideais como oportunidades de crescimento e aprendizagem, ao invés de se entregar ao sentimento de vítima. Há três maneiras de aprendermos com os erros: a maneira fácil, a maneira difícil e a maneira trágica. A maneira fácil é aprender com os erros das pessoas. A maneira difícil é aprender com os próprios erros. E a maneira trágica é não aprender com os erros de ninguém.

Não desperdice seus erros por não aprender com eles. Permita que eles ensinem você, permita-se crescer com eles e tornar-se uma pessoa melhor por causa deles. E quando o seu pior dia tornar-se uma longa temporada, anime-se ao saber que há pessoas fiéis que estão prontas e desejosas de fazer a viagem ao seu lado a cada passo do caminho acidentado.

Viva de Forma Transparente

Uma das grandes tentações, quando o caminho da vida torna-se difícil, é você isolar-se. É um instinto natural recolher-se em suas emoções para não sentir a dor aguda causada pelos problemas. Se você for como eu em tais momentos, você também sentirá a necessidade de retirar-se e ficar isolado. Mesmo quando você está em torno de pessoas, você se recolhe emocionalmente. Passar por tribulações, sofrer tentações ou turbulências faz você se sentir bastante vulnerável. É natural, em tal caso, querer levantar paredes e esconder-se atrás, só que agir assim nunca ajuda a resolver os problemas e também oferece pouco consolo. Quando você menos sente vontade da companhia dos outros é quando você mais precisa. Deus entende o valor dos relacionamentos, o valor da equipe.

Por natureza, ele existe como trindade; conceito este que adoro. Ele é o Deus do universo e, mesmo assim, escolhe fazer parceria conosco para ver seus planos e propósitos realizados na terra.

A Palavra de Deus confirma essa verdade: "E consideremos uns aos outros para incentivar-nos ao amor e às boas obras. Não deixemos de reunir-nos como igreja, segundo o costume de alguns, mas procuremos encorajar-nos uns aos outros, ainda mais quando vocês veem que se aproxima o Dia" (Hb 10.24,25 – NVI). Quando você estiver passando por uma parte difícil do caminho, a melhor coisa que você pode fazer é entrar em um ambiente excelente, positivo e cheio de fé.

E é aí que a igreja local pode ser tão inestimável.

Bobbie e eu sempre quisemos construir uma igreja que fosse jovem de espírito, generosa de coração, cheia de fé na confissão, amorosa por natureza e inclusiva na expressão. Infelizmente, reconheço que nem toda comunidade tem uma expressão saudável da igreja local. É, então, que temos de ser plantados na Palavra de Deus, para que possamos falar com nossa própria alma, acreditar na vitória e levantar-se em nome de Jesus. Agora lembre-se: igreja perfeita não existe. Portanto, não subestime o valor de formar relações saudáveis e que glorificam a Deus onde quer que você se encontrar.

Como examinamos em capítulos anteriores, Davi entendia o processo da dor. Mas também percebia a incrível importância de permitir que os outros o apoiassem. Depois de sua oração no Salmo 142 para que Deus lhe tirasse a alma da prisão, ele declarou: "Os justos me rodearão" (142.7). Davi sabia que, quando você está se sentindo rodeado por acusações ou por pessoas que não entendem você ou não se importam com o seu sofrimento, é quando você precisa mais das pessoas de Deus. Encorajo você a escolher, em épocas de dificuldade e desânimo, e, apesar de sua inclinação natural, plantar-se num ambiente onde o louvor tire o seu foco dos problemas e recoloque o seu olhar na perspectiva eterna. Faça tudo o que puder para estar envolvido com pessoas que se assentem com você em sua dor e não tentem resolver seus problemas ou lhe deem respostas generalizadas. Procure pessoas que carreguem você com a fé delas quando a sua estiver um tanto quanto fraca e confusa.

Da mesma forma, não é prudente confiar a dor do coração para qualquer pessoa. Você tem de reunir confidentes de confiança, pessoas que você ama e confia, pessoas que conheçam o seu coração e saibam lidar com o seu estado de fragilidade. A Bíblia nos diz: "Não havendo sábia direção, o povo cai, mas, na multidão de conselheiros, há segurança" (Pv 11.14). Observe que a passagem diz uma multidão de conselheiros, não uma multidão de opiniões. Assim sendo, não confie em qualquer pessoa – a vizinha da esquina, a senhora na fila do caixa, o cara na academia ou o colega de trabalho no escritório. Concentre-se em pessoas que dividam a mesma fé que a sua.

Antigamente, eu ficava surpreso ao ver as pessoas se perderem quando permitiam que seu cabeleireiro, cuja vida é uma catástrofe, se tornasse seu conselheiro. Nada contra cabeleireiros, porém o mesmo pode ser dito de colegas e vizinhos não crentes. Contar suas aflições para pessoas cuja vida não se alinha com a vontade de Deus leva a maus conselhos e más decisões. Procure pessoas que você ama e que amam a Deus e querem claramente o que é melhor para você, sem segundas intenções ou condições especiais.

Simpatia ou Compaixão?

Todo mundo gosta de um pouco de simpatia.

No Antigo Testamento, o rei Acabe, um dos reis de Israel, procurou o conselho de 400 profetas antes de ir para a batalha. Todos esses quatrocentos profetas foram simpáticos ao seu governante e disseram ao rei o que ele queria ouvir: que sim, o Senhor certamente lhe daria a vitória. Mas havia um jovem profeta que optou por ouvir o Senhor e não se curvar ao poder da intimidação. Em 1 Reis 22, vemos que até o próprio rei admitiu que ele procurava pessoas que simpatizassem com ele e lhe dessem uma boa palavra para justificar o que ele queria fazer. Depois de reunir todos os 400 profetas, o rei de Israel respondeu a Josafá: "Existe outro, que se chama Micaías, filho de Inla. Mas eu tenho ódio dele porque nunca profetiza para mim o que é bom, mas só o que é ruim" (22.8, NTLH).

Essa história sempre me faz sorrir. O rei confessou publicamente que preferiria ouvir o que ele queria ouvir, e não ouvir a verdade. Você já evitou alguém porque ele dizia a verdade e tinha coisas para dizer que você não queria ouvir? Eu já, e permita-me dizer, não me ajudou até então e não ajudará você agora.

Quando você está passando por uma fase difícil, você quer amigos, companheiros, mentores ou pastores que tenham a coragem de dizer a verdade e lembrem você da verdade de Deus. Você não quer pessoas que lhe digam palavras só para agradá-lo. Você quer pessoas que lhe deem conselhos motivados por amor, e não por julgamento, condenação ou manipulação.

Minha experiência me levou a receber conselhos de pessoas que são mais velhas que eu ou mais maduras na fé, as quais se saíram bem em suas dificuldades. São pessoas que ficaram mais fortes e podem oferecer verdadeiro apoio, sabedoria, amor e segurança.

Nem uma vez encontramos Jesus sendo movido por simpatia. Porém, toda vez que Ele foi movido por compaixão, algo poderoso estava prestes a acontecer, um milagre estava a caminho. É porque a simpatia se identifica com o problema, mas a compaixão se levanta, investiga e diz: "Preciso fazer algo sobre isso".

Quando você estiver lutando no caminho apertado, encontre alguém que olhe você nos olhos, coloque as mãos em seus ombros e lhe diga a verdade nua e crua, a verdade do amor, da esperança, da cura e do poder de Deus em sua vida.

Ame de Maneira Autêntica

É importante encontrar pessoas que façam a viagem com você tão quão é importante você tornar-se uma pessoa melhor na viagem. Quando você está passando por trechos difíceis na vida, você também tem a oportunidade de abençoar e ajudar as pessoas ao seu redor. Você tem a possibilidade de levar a família, os amigos e os entes queridos com você na viagem, para compartilhar o que Deus está fazendo em sua vida e mostrar liderança, conforme você trilha o caminho difícil de modo autêntico e honesto.

Quando você está sofrendo e lutando, você tem um holofote mirado em sua vida. Quando Bobbie e eu enfrentamos oposição dos outros, sabemos que, por mais que estivéssemos feridos, nossos filhos sempre sentiam nossa dor muito mais, e os membros de nossa igreja também estavam sentindo o peso do olhar examinador dos vizinhos, colegas e companheiros. Saber que tínhamos a chance de exercitar a fé, sobretudo no meio da dor, ajudou-nos a focar em Deus, e não nas circunstâncias. Não queríamos que nossos filhos pensassem que deixamos de confiar no poder e na bondade de Deus, só porque estávamos atravessando uma fase difícil. Era o momento em que precisavam ver em ação o que críamos.

A decepção e a mágoa são a oportunidade que temos para sermos transparentes, mas não para lamentar. Há uma diferença. O processo pode ser desafiador, agravado pelo número maior de pessoas que observam você. São em tempos como esses que, em meio às aflições, a natureza humana mantém a compostura para as pessoas de fora, mas desabafa e até ataca verbalmente as pessoas que estão mais próximas de nós. Os cônjuges são "sacrificados" pelas nossas emoções não redimidas durante os períodos de angústia e dor. Entretanto, as pessoas mais próximas de nós são as que mais precisamos. Não abra mão de boas relações por um momento de mágoa e raiva. Aprenda a apoiar-se firmemente nas pessoas que se comprometeram a permanecerem fiéis nos tempos bons e ruins.

A liderança, em qualquer nível, é comprovada nos tempos difíceis. Existe definitivamente uma força quando nos revelamos como humanos e vulneráveis nesses momentos sem cair em desespero. Pela graça de Deus, Ele tem ajudado a Igreja Hillsong em toda dificuldade, sempre levando a igreja a crescer ao invés de diminuir, mas isso não aconteceu sem um custo. Como líderes, Bobbie e eu tomamos a decisão de nunca permitir que a crise criasse outro problema maior ainda. E nunca permitimos que algo nos privasse do que o Senhor nos chamou para fazer: amar a Deus e amar as pessoas.

Estou convencido de que, quando você deixa as pessoas saberem o que está acontecendo e para onde você está indo, com transparência e autenticidade, elas reagirão positivamente e quererão acompanhá-lo.

Esse processo de transparência não significa ficar na defensiva e culpar os outros. Quando ando de moto, o que atualmente não é muito frequente, ando com a atitude de que qualquer acidente potencial é culpa minha. Por ser moto, não há muitas segundas chances. Em outras palavras, se alguém me fechar ou me cortar a frente, ainda serei o único a assumir o risco e enfrentar um acidente com grave perigo de morte. Ando com a postura que me faz responsável por tudo o que acontece comigo na estrada. Obviamente, não posso controlar os outros motoristas nem suas escolhas e erros, mas isso faz parte do risco que assumo toda vez que escolho andar de moto.

Procuro liderar da mesma forma, não culpando os outros ou presumindo que alguém tem a culpa; antes, assumo a responsabilidade por minhas decisões, aconteça o que acontecer. Você sempre encontrará razões para eximir-se da culpa e colocar-se como vítima. Mas não é assim que se conduz a vida. Além do mais, isso enfraquece a vida maravilhosa e espaçosa que você quer viver ao seguir Jesus.

Jesus muitas vezes enfrentou pressão inacreditável no seu ministério terreno, quando, por exemplo, recebeu a notícia da grave doença de Lázaro; ao ser tentado no deserto por Satanás; quando ficou sozinho no jardim do Getsêmani e quando estava pendurado na cruz. Apesar disso, em todas as vezes, Ele permaneceu focado e inabalável em seu espírito. Satanás usará pressão e oposição para controlar você e, quando você cede à pressão, você entrega a liderança. É importante lidar com as circunstâncias quando a oposição surge, porém não permita que ela o controle.

Siga em Frente

Muitos anos atrás, enfrentamos um dos desafios mais bizarros e imprevistos que já vimos. Nossa igreja tinha acabado de lançar um novo CD, e, literalmente, em questão de dias, descobrimos que uma das músicas do CD, que já estava atraindo muita atenção, fora escrita por alguém que vivia uma mentira e enganara conscientemente muitas pessoas com uma história inventada para chamar a atenção e evocar a compaixão dos outros.

Não querendo perpetuar o engano dessa pessoa, tínhamos uma decisão difícil a tomar. O impacto imediato dessas revelações acarretava um enorme ônus financeiro e envolvia recolher milhares de DVDs. O impacto contínuo do comportamento enganoso teria assolado muitas vidas, e as consequências teriam sido catastróficas tanto localmente, dentro de nossa igreja, quanto globalmente, na comunidade cristã.

Foi nesse momento que, mesmo me sentindo enganado e decepcionado, eu tinha de liderar a igreja de uma forma que encorajasse as pessoas que foram magoadas e estavam confusas para superar a decepção e encontrar Deus no meio das suas perguntas. Pedi às pessoas que optassem por ver esse indivíduo da perspectiva das fraquezas humanas e, em vez de ficarem ofendidas, oferecessem o perdão. Nesses momentos, podemos optar por permitir que a decepção crie raízes de amargura ou mágoa profunda em nós, ou permitir que nos faça humildes e ofereçamos compreensão e amor. Tal decepção é uma oportunidade para avaliarmos e examinarmos nossa vida, bem como o efeito que ela pode causar sobre as pessoas ao nosso redor.

Por incrível que pareça, a questão em si foi de curtíssima duração em nossa igreja. Na liderança em geral, aprendi que, se for um problema para mim, também será um problema para as pessoas. É importante não fingir que está tudo bem, e sim tratar do problema, mudar o foco e seguir em frente.

Lidere Corajosamente

Finalmente, ao andar pelo caminho difícil com os outros, conforme você se apoiar na força deles, permaneça focado no movimento à frente. Aprender com o passado, sim, especialmente se haviam outras escolhas que você poderia ter feito – isso é sabedoria básica. Mas você também deve aceitar o presente e compreender que não pode mudar o passado. Você deve seguir em frente com coragem, não apressando as coisas, mas também não ficando obcecado pelo trauma que ocorreu.

Uma das melhores maneiras de ir em frente de acordo com o tempo de Deus é concentrar-se em sua bondade. A Bíblia diz: "Quanto ao mais, irmãos, tudo o que é verdadeiro, tudo o que é honesto, tudo o que é justo, tudo o que é puro, tudo o que é amável, tudo o que é de boa fama, se há alguma virtude, e se há algum louvor, nisso pensai" (Fp 4.8). Quando ficamos nos torturando sobre o que poderia ter acontecido ou o que poderia ter sido, perdemos o que Deus quer nos dar quando seguimos em frente e também perdemos o que Ele quer nos ensinar no presente.

Quando estamos sofrendo com dor incessante, é tentador seguir o oposto exato dessa exortação. Ao falar com nossa congregação, gosto despreocupadamente de deixar um ponto claro, destacando a maneira como a natureza humana pensa. É o que gosto de chamar de minha "Tradução Oposta da Bíblia". Neste caso, é algo assim: "Quanto ao mais, irmãos, tudo o que é boato ou fofoca, tudo o que é negativo, tudo o que é mau, tudo o que é inútil, tudo o que desenterra a sujeira, tudo o que traz história sensacionalista, se há esqueletos no armário, se há algo digno de xeretar, nisso pensai".

Você está vivendo de acordo com a Tradução Oposta da Bíblia, ou está vivendo de acordo com a Palavra de Deus? Porque é bom focar nos relatos positivos quando você está cercado por dados negativos. Não diga que você está focado no ponto de vista de Deus, quando, na verdade, você está olhando por cima do ombro ou olhando para os pés. Olhe para frente! Olhe para cima! E percorra seu caminho de fé com pessoas que reinicializarão sua bússola espiritual, caso ela se perca. Atravesse às crises com uma coragem e autoridade que direciona as pessoas à aquEle que tem as respostas, não aquele que tem os problemas.

E esqueça que Deus ajuda você a passar pelas tribulações. Ele o livrará das circunstâncias atuais e o remirá do sofrimento. Uma das melhores maneiras pelas quais Ele realiza ambos os resultados é através do seu povo. Quando o caminho fica escuro e você sente vontade de desistir, volte-se para seus irmãos e irmãs, seus companheiros de fé, sua igreja local e apoie-se nessa força. Deixe-os entrar em sua dor e permita-lhes compartilhar um pouco do que você está passando. É assim que atravessamos as partes difíceis da vida. É assim que crescemos. E é assim que lideramos.

Viva de forma transparente.
Ame de maneira autêntica.
E lidere corajosamente.

CAPÍTULO DEZ

O Pioneiro Original

Open our eyes,
to see the things that make Your heart cry,
to be the Church that You would desire,
Your light to be seen.
Abra nossos olhos,
para ver as coisas que fazem o teu coração chorar,
para ser a Igreja que tu desejas,
tua luz para ser vista.
— "With Everything", Hillsong Music, 2008

Imagine perder seu irmão vítima de uma doença incurável.

Imagine descobrir a capacidade de curar a doença incurável.

Foi exatamente o que fez Christian Barnard, cirurgião cardiotorácico da Cidade do Cabo. Ele foi o primeiro cirurgião a realizar um transplante de coração humano em 1967. Anos de pesquisa de colegas médicos e várias cirurgias experimentais deram-lhe a oportunidade de ser o pioneiro desse procedimento médico decisivo que, sem dúvida, mudou a face da Medicina moderna. Muitos o consideram o pioneiro original do coração, mas havia outro antes dele.

O Pioneiro Original do Coração

Claro que o pioneiro original é o próprio Deus, que criou os céus e a terra do nada. Ele criou o primeiro homem e a primeira mulher, algo nunca tentado ou conseguido antes de Ele soprar sua vida no pó para formar carne e sangue. Através das gerações que se seguiram, o pioneirismo está em nosso DNA, o que faz sentido, tendo em vista que somos feitos à imagem de Deus. João 1.1 diz: "No princípio, era o Verbo, e o Verbo estava com Deus, e o Verbo era Deus". O versículo 14 continua, dizendo: "E o Verbo se fez carne e habitou entre nós". Não há dúvida: Desde o início, Deus é pioneiro! Da mesma forma, Hebreus 4.12 diz: "Porque a palavra de Deus é viva, e eficaz, e mais penetrante do que qualquer espada de dois gumes, e penetra até à divisão da alma, e do espírito, e das juntas e medulas, e é apta para discernir os pensamentos e intenções do coração".

Amo a forma como a Bíblia descreve a Palavra de Deus como eficaz e mais penetrante do que qualquer espada de dois gumes, a qual é tão afiada que faz a divisão entre a alma e o espírito, e também entre as juntas e medulas. Isso que é precisão! A Bíblia, a Palavra de Deus, tem a capacidade, com precisão muito maior do que o Dr. Christian Barnard, de fazer a divisão entre os pensamentos e as intenções do coração.

Jesus é pioneiro internamente e trabalha externamente. A Bíblia descreve-o como o pioneiro da nossa salvação, o pioneiro da nossa fé. Eu o descreveria também como o pioneiro do nosso coração. A salvação é algo que Jesus faz em nosso coração e que muda nosso destino eterno, muda nossa razão de ser, muda nosso senso de propósito, muda a forma como vivemos, muda a razão para nossos dons e talentos, muda nossa família e nosso casamento. A salvação que começa no coração causa um impacto nas próximas gerações.

O que é que está em seu coração?

Pioneiro e Aperfeiçoador

Conta a história que, depois de Walt Disney ter falecido, sua esposa Lilly foi na abertura do mais novo parque temático, o Walt Disney World, em Orlando, Flórida. Durante a cerimônia, um de seus amigos aproximou-se e disse:

— Pena Walt não estar aqui para ver isso.

Ao que Lilly respondeu:

— Walt viu isso. É por isso que está aqui.

O que você vê quando fecha os olhos? Que visão ou sonho Deus plantou em seu coração para você nutrir e cultivar? Que visão o sustenta quando você está sofrendo, amedrontado, chocado e espantado com os acontecimentos da vida? Deus é o grande pioneiro, e eu creio que Ele não só dá visões e sonhos para você, como também sempre termina o que começa. Deus não começa algo em nós para vivermos uma vida frustrada, reprimida e amarga. Jesus é chamado de autor e consumador da fé, ou, como diz outra tradução bíblica, Ele é pioneiro e aperfeiçoador. Deus plantou algo em você que Ele tem a intenção de fazer crescer, desde que você mantenha vivos o sonho e a visão. Ele quer que cresçamos no amplo território onde nossa alma possa florescer! É algo particularmente importante de lembrar no caminho difícil.

É o seu coração que planeja o caminho e que determina sua capacidade de experimentar a vida maravilhosa que o Senhor tem reservado a você. Na Bíblia, vemos o apóstolo João cumprimentando seu amigo: "Amado, desejo que te vá bem em todas as coisas e que tenhas saúde, assim como bem vai a tua alma" (3 Jo 2).

Essa capacidade de prosperar não só diz respeito apenas a bênçãos materiais, mas ainda mais ao estado interior de paz, alegria e realização em como você vive a vida. Creio que, quando prosperamos internamente, então a bênção torna-se real em cada área da vida. Isso começa no interior, lá no coração. Quando o caminho fica difícil, frequentemente temos que parar e reagrupar, arquitetar e verificar as orientações. Mas a bússola interna em sintonia com o Espírito de Deus é o nosso coração. O salmista diz: "O meu coração ferve com palavras boas; falo do que tenho feito no tocante ao rei; a minha língua é a pena de um destro escritor" (Sl 45.1). Cada história é escrita para um bom tema, e o tema de seu coração determina a história de sua vida.

Davi diz: "Até o meu coração me ensina de noite" (Sl 16.7). Tantas coisas surgem no meio da noite. O medo e a ansiedade surgem no meio da noite. A confusão, o desânimo, o desespero e o descontentamento surgem no meio da noite. Quantas pessoas você conhece que perderam o caminho no escuro como o breu do período noturno? Quando lemos na Bíblia, o tema do coração de Davi lhe permitiu dizer: "As linhas caem-me em lugares deliciosos; sim, coube-me uma formosa herança. Louvarei ao Senhor que me aconselhou. [...] Tenho posto o Senhor continuamente diante de mim" (Sl 16.6-8).

Quando as dificuldades e obstáculos surgem no caminho da vida, a única maneira de você reajustar e renovar sua caminhada é manter o coração focado em Deus. O transbordar do seu coração reflete o modo como você vive a vida. Se você perder a visão, que é o sonho que Deus colocou em você, então você acabará perdendo o caminho.

Um Capitão na Tempestade

Fazia poucos dias que Bobbie e eu estávamos casados quando encontramos o mar revolto. E quero dizer literalmente! Não tínhamos muito dinheiro. Estávamos tendo uma lua-de-mel ditada pelo orçamento apertado, hospedando-nos em pequenas pousadas e cabanas em torno de nossa terra natal, a Nova Zelândia. Nada extravagante, mas éramos jovens, felizes e apaixonados.

Eu tinha pego o carro emprestado de minha mãe para viajar pela Ilha do Sul antes de acordarmos cedo para pegar a grande balsa que fazia o percurso entre as Ilhas do Norte e do Sul. Esses navios não são como os pequenos barcos para traslados de turistas e trabalhadores entre o porto de Sydney e a famosa praia Manly. Essas balsas eram enormes transportadores, suficientemente grandes para levar centenas de carros no casco, trens de carga e ainda mais passageiros no convés.

Sentados no salão da frente, juntamente com dezenas de outras pessoas, tínhamos pela frente enormes janelas panorâmicas que davam para a proa do navio. Estávamos a três andares de altura, e a vista era espetacular. Lembro-me de um senhor e seu netinho de pé, junto às janelas que iam do chão ao teto e conversando animadamente antes de a tripulação pedir que todos se sentassem.

O navio saiu do porto e entrou em um trecho de água notório por ser turbulento. Na verdade, poucos anos antes, uma enorme balsa de passageiros entre Lyttelton e Wellington naufragou durante uma tempestade de proporções históricas. Mesmo o navio chamado Wahine estando a apenas umas centenas de metros da costa, na cabeceira do porto de Wellington, muitas pessoas morreram, porque o mar estava muito agitado. A correnteza puxou-as para o mar aberto, e as equipes de resgate não conseguiram chegar até elas. O dia estava parcialmente nublado, algo não raro ao longo da costa, onde, mais tarde, o ardente sol da manhã expulsaria as nuvens. No entanto, quando deixamos o porto, as nuvens escuras se intensificaram, e o vento aumentou drasticamente. No início, senti como se estivéssemos numa montanha-russa, subindo e descendo as ondas que nos embalavam. Logo ficou claro que não seria fácil, pois as ondas ficavam cada vez maiores, e a embarcação arfava acentuadamente. Quando as furiosas ondas verde-escuras aumentaram de tamanho e intensidade, começaram a invadir a amurada dos conveses lá embaixo. Vimos quando paredes de água se formavam ao redor – isso mesmo, paredes de água!

A proa do navio continuava recebendo a força total das ondas violentas. Mas, de repente, quase como em câmera lenta, uma onda gigantesca veio de lado. A proa afundou sob as águas, esmurrada pela tremenda força da onda, e vimos aterrorizados quando a onda veio subindo pelos pavimentos e chocou-se contra as janelas do salão. Por instinto, fechamos os olhos e nos agarramos nas cadeiras, quando a onda estraçalhou as janelas e caiu sobre nós.

Após alguns segundos, Bobbie e eu abrimos os olhos em estado de choque. As pessoas começaram a gritar, encharcadas e feridas pelo vidro quebrado. O cheiro penetrante e salgado do oceano nos assaltou, enquanto a água inundava o interior do navio. Mais tarde, li no jornal que um pobre homem estava no banheiro nos fundos do salão. Estava usando o vaso sanitário, quando olhou para cima e viu uma onda de água invadindo a porta da cabine! Pode imaginar? Em determinado momento, você está usando o vaso sanitário e, no momento seguinte, você está em uma atração do parque aquático. Acho que foi bom ele estar sentado!

Tomei Bobbie pela mão e andamos pela água que dava pelos joelhos em direção à parte de trás do navio. Os membros da tripulação corriam loucamente no esforço de dar ordem ao caos. Havia vidro, sangue e objetos flutuantes como bolsas e chapéus espalhados pelos corredores. Lembro-me de sentir que eu devia assegurar à minha noiva que tudo ficaria bem. Então, disse algo como:

— Não se preocupe, Bobbie, tudo dará certo. E se não der, estaremos no céu! É questão de saber como chegaremos lá!

Não eram exatamente palavras de consolo, mas ela conhecia o meu coração. O capitão, familiarizado com essas águas, parou o barco e o deixou adernar até que fosse seguro prosseguir novamente. Ele sabia que tínhamos de lidar com as consequências: drenar a água e retraçar as configurações do curso antes de continuarmos. Não sei se eu teria a atitude calma para me concentrar no que precisava ser feito para levar o navio ao status de navegabilidade. Mas agradeço a Deus pelo capitão, que era calmo de coração, conhecia o curso, via o porto e estava preparado para a viagem.

Muitos eram os segredos e sonhos em nossos corações jovens. Sou grato a Deus pelo capitão nunca ter perdido a visão! Nem preciso dizer que nossa jornada juntos, para o nosso glorioso futuro desconhecido começou com águas turbulentas. Mas oh, que passeio!

Segredos do Coração

O que é que transborda em seu coração agora? Qual é a composição, a história que sua vida está contando? Sua língua está disposta a declarar a confiança em Deus durante as tempestades da vida? Ou ela está reclamando, resmungando e se desesperando quando as ondas invadem?

Se você quiser ter uma vida longa e feliz, então segure firme a visão que Deus colocou em você. Esforce-se menos e visualize mais. Se existe um segredo para viver a grande, ampla e abundante vida, este se resume ao que está acontecendo dentro de seu coração. Deus planta coisas tão bonitas em nosso coração. Muitas vezes pensamos em segredos de forma negativa e, obviamente, muitos segredos são dolorosos, quando não são prejudiciais. Pensamos em segredos como esqueletos no armário, coisas que não queremos que as pessoas saibam. Mas e quanto aos "segredos" que o Senhor colocou pioneiramente em seu coração, algo que está somente entre vocês dois? Talvez seja um desejo, um anseio, um anelo, algo que traz lágrimas aos seus olhos e desperta algo dentro de você.

Não muito tempo atrás, incentivei minha congregação a anotar as visões de seus corações. O que é que Deus tem falado que você, talvez, tenha muito medo de dizer em voz alta? Se você pudesse ter um grande sonho, algo que ninguém risse ou zombasse... qual seria? Fiquei surpreso quando muitas pessoas me disseram que tinham medo de contar seus sonhos!

Pode haver muitas coisas maravilhosas, talvez muitas coisas pessoais em seu coração que Deus fez nascer. Talvez os sonhos sejam tão sensíveis, tão vulneráveis e tão pessoais que você nunca contou para ninguém. Talvez você tenha contado só para o seu cônjuge sobre um desejo profundo, uma convicção profunda, um sonho inacreditável que Deus colocou em seu coração. Posso afirmar, com absoluta certeza, que o que o Senhor colocou em seu coração, Ele quer realizar em sua vida.

Em Lucas 2, há uma passagem sobre Maria, a mãe de Jesus. Fazia 12 anos que um anjo falou com Maria e lhe disse que ela conceberia, de modo que ela ponderou essas coisas em seu coração. Mais tarde, ficamos sabendo que Jesus, menino de 12 anos de idade, tendo sido encontrado no templo, "foi com eles para Nazaré, e era-lhes obediente. Sua mãe, porém, guardava todas essas coisas em seu coração" (2.51, NVI). Maria reagiu ao mistério de seu filho no templo da mesma forma que reagiu à notícia de sua concepção virginal. Ela guardou esses segredos no coração. Como ser humano, Maria, sem dúvida, tinha dificuldades de compreender o plano divino no qual ela consentiu em participar. Contudo, sua graça e obediência a Deus e a visão dEle para a vida dela levou Maria a continuar a executar as coisas que ela mantinha em segredo e considerava santas.

O que está guardado em seu coração? O que você precisa guardar em seu coração porque não quer ficar aquém das expectativas de tudo o que Deus quer para você? Tenho comprovado muitas vezes que, quando o caminho está bloqueado e a vida forçou você a parar e recalcular a rota, o segredo de Deus em seu coração ajuda você a continuar.

Ana é outra mulher na Bíblia que conhecia os segredos do coração. Ela desejava ardentemente ter um filho, mesmo sendo fisicamente impossível. Casada com um homem chamado Elcana, Ana lutava com amargura na alma e dor aguda e lancinante no coração sobre a situação. Mas observe que ela se recusa a desistir da esperança, a visão de dar à luz um menino que Deus plantara em seu coração:

> "Ela, pois, com amargura de alma, orou ao Senhor e chorou abundantemente. E votou um voto, dizendo: Senhor dos Exércitos! Se benignamente atentares para a aflição da tua serva, e de mim te lembrares, e da tua serva te não esqueceres, mas à tua serva deres um filho varão, ao Senhor o darei por todos os dias da sua vida, e sobre a sua cabeça não passará navalha. E sucedeu que, perseverando ela em orar perante o Senhor, Eli fez atenção à sua boca,

porquanto Ana, *no seu coração*, falava, e só se moviam os seus lábios, porém não se ouvia a sua voz" (1 Sm 1.10-13, grifos meus).

Não é fascinante a maneira como Ana expressa sua petição diante de Deus? "Porquanto Ana, no seu coração, falava." Fico imaginando exatamente como isso funciona, embora todos nós, inclusive eu, compreendamos essa voz interior, esse desejo ardente interior. Ana falava no seu coração, e seus lábios se moviam sem som saindo da boca. Eli, o sacerdote do templo, presumiu que ela era louca ou estava bêbada!

Quando foi que você se sentiu como Ana em seu desesperado desejo de guardar a visão que Deus te deu? Às vezes, quando você não consegue verbalizar tudo o que o Senhor colocou em seu coração, você encontra dificuldades para dar voz a visão. Não podendo articulá-la, você temeu que, se falasse, pareceria bobagem ou estupidez. Talvez, os que a ouvissem não entenderiam e pensariam que você estava se vangloriando ou até delirando. Mas o que Deus colocou em nosso coração é tão precioso e belo, que temos de guardar esses segredos firmemente e protegê-los.

Anos atrás e ainda hoje, quando fecho os olhos, vejo um referencial da graça, uma igreja tão grande que a cidade não pode ignorar, um corpo saudável, funcional e glorioso de Cristo. Muito antes de haver poucas dezenas de pessoas reunidas numa sala de aula no subúrbio de Sydney, muito antes de existir uma Igreja Hillsong na Austrália – muito menos em mais de uma dezena de outros países –, eu tinha essa visão em meu coração. Agora, vemos Deus fazer tantas coisas incríveis, que ultrapassam qualquer coisa que eu tivesse imaginado. No entanto, desde que eu era jovem, mantive firmemente em meu coração essa igreja na qual fomos pioneiros. Houve momentos em que pensei que nunca conseguiríamos? Claro que houve! Porém, eu nunca perdi de vista a visão em meu coração.

Observe também como o desejo de Ana levou tempo para ser realizado: "E sucedeu que, passado algum tempo, Ana concebeu, e teve um filho, e chamou o seu nome Samuel, porque, dizia ela, o tenho pedido ao Senhor" (1 Sm 1.20). Talvez leve tempo, talvez até vários períodos da vida, para que o que foi concebido em seu coração se realize. Muitos sonhos levam tempo: saúde restabelecida, casamentos restaurados, empresas abertas, filhos salvos, famílias reunidas, relações recuperadas.

Se o que o Senhor depositou em seu coração ainda não produziu frutos, não desista. Basta manter a esperança viva no coração e guardá-la.

Feche os olhos e certifique-se de que a visão continua clara, de modo que, ainda que as circunstâncias frustrem seu sonho constantemente, você o mantenha vivo até que o tempo de Deus chegue.

Derrame o Coração

Anos atrás, minha mãe me contou a história de um tempo em que eu era muito pequeno para lembrar. Meu pai, havia trabalhado no Exército da Salvação, estava desempregado, e não só isso, estava desempregado devido a dois colapsos nervosos recentes. Mamãe estava criando cinco filhos em um quarto, estava sem dinheiro e tinha um marido que perdera toda perspectiva e visão, além de estar sem recursos. Certo dia, quando pendurava roupas no quintal na Nova Zelândia, ela literalmente se atirou desesperada sobre o varal e clamou a Deus:

— Eu não aguento mais!

Bem, Deus se encontrou com minha mãe naquele lugar. Ela se lembra de cair subitamente, desesperada por respostas do Senhor. O que esse suspiro representa para você? O que há em sua vida que você não compreende, que sente desespero a respeito ou que não aceita? Porque o mesmo pioneiro que é o autor da sua salvação também pode renovar a fé em seu coração. E o poder da fé em seu coração pode levar a um avanço na vida.

Qual é o seu anseio? Qual é a coisa terna e vulnerável que você não pode sequer pôr em palavras? No Salmo 62.8, o salmista diz: "Confiai nele, ó povo, em todos os tempos; derramai perante ele o vosso coração".

Derrame o seu coração perante Ele, pois Deus é o nosso refúgio.

Resistindo à Tempestade

Às vezes, não temos escolha, senão nos firmar e deixar que as "ondas" da vida, as circunstâncias imprevisíveis como a doença, a morte, as dificuldades financeiras e a perda inesperada quebrem sobre nós. Mas então, temos de ser como o capitão da balsa em que Bobbie e eu estávamos. Temos de avaliar os danos, consertar e resolver tanto quanto pudermos para, então, concentrar a atenção e energias no objetivo ao qual estamos indo. Temos de verificar se a configuração de nosso coração está da forma que Deus quer para nós, no que Ele incutiu em nós e no que Ele quer desenvolver em nossa vida. Ao considerar dar o próximo passo e depois o próximo quando o caminho fica difícil, você descobre que tem de fazer uma pausa para reiniciar o curso. Quando a vida fica difícil e as ondas estão quebrando em cima de você, você não pode enfiar a cabeça na areia e fingir que nada está acontecendo. Mas você também não pode permitir que as tempestades da vida virem sua viagem de cabeça para baixo permanentemente. Pode ser tentador parar, dar desculpas e continuar retardando em vez de começar de novo.

A tentação de ficarmos presos no medo e na autopiedade reforça a razão pela qual temos de fazer uma pausa para recuperar nossa visão. Muitas vezes, os obstáculos externos em nosso caminho não são tão pesados como os internos. Quando estamos lutando com os desafios da vida, a maior limitação que enfrentamos pode vir das questões do coração. Se não estivermos guardando nem protegendo o que Deus colocou em nosso coração, então perderemos a visão e acharemos difícil perseverar. A visão que você tem para a vida precisa estar protegida em seu coração. Quando você encontra um caminho difícil, você tem de manter os olhos no prêmio.

Mantendo Viva a Esperança

Vinte e sete de dezembro de 2012. Lembro-me do dia muito bem, porque Bobbie e eu pegamos um avião em Sydney para irmos aos Estados Unidos. Mas antes de nos dirigir ao aeroporto, nos reunimos com Joel e Esther (meu filho mais velho e sua esposa) para tomar o café da manhã na praia de Bondi, em uma pequena cafeteria chamada Trios. Ironicamente, vindos de Nova York, eles estavam visitando Sydney, e nós estávamos indo a Nova York. Assim são nossas vidas. Nunca esquecerei aquele dia porque foi o dia em que nos contaram que estavam grávidos.

Gostamos muito de Esther e ainda estávamos nos recuperando do choque e encantados por nosso filho mais velho ter se casado. A notícia da gravidez foi muito emocionante! Depois da conversa animada e de todas as perguntas e parabéns, fomos pagar o café da manhã e descobrimos que alguém já tinha pagado! Sempre soube que quem pagou a conta naquele dia teria ouvido nossa conversa toda. A pessoa teria ouvido Joel e Esther nos contar que estavam grávidos, visto nossa alegria e, presumo, se sentido feliz por nós. Sempre quis saber quem foi.

Um ano mais tarde, no exato dia – 27 de dezembro de 2013 –, eu estava correndo ao redor do litoral. Para ser honesto, minha corrida era mais semelhante a um andar rápido, mas enquanto corria, um jovem estendeu a mão no caminho e disse:

— Com licença, desculpe-me, pastor Brian, posso falar com você? Posso lhe contar uma rápida história?

Você sabe como é quando você está correndo e alguém quer que você pare, mas ele me chamou de "pastor Brian". Pensei, então, que seria melhor parar. Parei de correr, e o jovem andou ao meu lado quando começou a me contar esta história:

— Doze meses atrás, minha esposa e eu estávamos em uma pequena cafeteria em Bondi tomando o café da manhã. Estávamos desesperados. Desesperados, porque não podíamos ter filhos, mas estávamos esperando e crendo que, contra todas as probabilidades, íamos ter um filho no ano-novo. Foi ali, naquele café, que decidimos jejuar durante os primeiros 30 dias do ano-novo. Tínhamos acabado de tomar essa decisão quando você, Bobbie, Joel e Esther entraram e sentaram-se à mesa quase ao lado da nossa.

Aquele jovem passou a me contar que ele ouviu por acaso quando Joel e Esther nos deram a grande notícia, confessando, com toda a honestidade, que ficou de certo modo magoado. Ali estava um casal falando de seu desespero e do desejo de seus corações, bem como ouvindo e testemunhando a alegria de alguém. Disse que, apesar da dor que sentiam, pagaram nossa conta mesmo assim. E eu passei 12 meses me perguntando quem pagara a conta.

E continuou:

— Fizemos o que dissemos que íamos fazer, e jejuamos por 30 dias.

A melhor parte da história é esta: Enquanto me contava todas essas coisas, ele estava eufórico, pois tinha um belo bebê de dois meses de idade amarrado a um suporte no peito. Meus olhos lacrimejaram quando ele compartilhou comigo a determinação que tomaram de permanecer firmes nos sonhos do coração e na fidelidade de Deus quando estavam desesperados. Corri duas vezes mais rápido para voltar e contar a Bobbie essa história incrível. Louvado seja Deus! Ele colocara algo nos corações do casal, e Ele o realizou em suas vidas.

Nunca Pare de Ser Pioneiro

O mesmo é verdade para você e os novos territórios que Deus tem para você. Assim como Ana, Maria e os meus amigos na praia de Bondi, ao manter a esperança viva, manter a visão viva e proteger o coração, você também continua a dar frutos em sua vida.

Isso mesmo, o caminho ficará difícil, e as tempestades inevitáveis da vida entrarão quebrando as janelas e deixando você encharcado. Porém, se você se voltar ao segredo que Deus colocou em seu coração, se você mantiver a visão viva para o futuro, então você conhecerá o tipo de contentamento que Paulo descreveu aqui: "[...] já aprendi a contentar-me com o que tenho. Sei estar abatido e sei também ter abundância; em toda a maneira e em todas as coisas, estou instruído, tanto a ter fartura como a ter fome, tanto a ter abundância como a padecer necessidade. Posso todas as coisas naquele que me fortalece" (Fp 4.11b-13).

PARTE 3

Uma Porta Estreita

CAPÍTULO ONZE

Não Há outro Nome

One Name holds weight above them all.
His fame outlasts the earth He formed.
O Nome que está sobre todo nome.
Sua fama dura mais do que a terra que Ele formou.
— "No Other Name", Hillsong Music, 2014

As entranhas da história têm tossido multidões de nomes acorrentados à fama.

O obstinado, o notório; o religioso e o sacrílego.

Que imagens voam velozmente pela janela de sua mente quando você ouve nomes como Sócrates, Churchill, Mussolini, Mandela e Einstein?

Você recua quando ouve o nome Hitler?

A inspiração lhe bate entre os olhos quando você ouve o nome Armstrong?

Você boceja e vira os olhos quando pensa em Shakespeare?

Os nomes estão impregnados de propósito. É "o que está em um nome".

E amigos, se me permitem perguntar, o que mexe no recesso de sua alma quando vocês ouvem o nome Jesus?

Um enigma em pessoa, completamente humano, totalmente divino.

Assumiu os mais baixos nomes para que os escravos reinassem como reis.

A divindade escolheu aguentar a mortalidade para que desfrutássemos da eternidade.

Por que NENHUM OUTRO NOME afeta o cético, o herege e o majestoso?

O homicida, o suicida e o astro? NENHUM OUTRO NOME mudou a natureza, a mentalidade e a matéria.

Abriu os olhos cegos, os ouvidos surdos e curou o câncer.

NENHUM OUTRO NOME veio com este mandato:
O Reino de Deus expresso na terra.
Mas, se seus milagres são apenas "contos de fadas",
então por que milhões de pessoas se reúnem colocando a vida em risco por causa do nome DELE?
Cheguei à conclusão de que não há NENHUM OUTRO NOME!
— *Letra do literato Iseme Adeola (akaIsi, o Escriba)*

Eu amo essa passagem. Nossa equipe de criação escreveu e conceituou essas palavras, que estruturou nosso CD de adoração gravado ao vivo, e a Conferência Hillsong em torno desses pensamentos e imagens. Depois que a canção "No Other Name" foi escrita por meu filho Joel e Jonas Myrin, começamos (como igreja) a nos acampar em torno do nome de Jesus e do abrangente poder, majestade, beleza e santidade que esse único nome contém, bem como o efeito que causa em nossa vida hoje.

O nome de Jesus nos dá acesso. O caminho para a vida é Jesus. Só Jesus. Mas para os que estão em Cristo, isso não equivale a uma vida pequena. Pelo contrário, em Cristo a vida torna-se maior, mais ampla, mais cheia de potencial e bênção do que qualquer outro caminho possa nos conceder.

Na primeira metade deste livro, focamos na visão, nas maravilhas de viver uma vida ampla e espaçosa, e também no caminho difícil que, às vezes precisamos andar para chegarmos lá.

Porém, penso que as pessoas correlacionam erroneamente o caminho difícil com estar em um caminho restrito e constrito, mas isso não é o que a Bíblia diz! Lemos em todo o Antigo Testamento que a jornada de Davi foi algumas vezes difícil, só que em 2 Samuel 22.37, ele diz: "Alargaste os meus passos debaixo de mim, e não vacilaram os meus artelhos". O caminho pode ser difícil, e a porta pode ser estreita, mas permita-me dizer-lhe que há muita vida a ser acessada por essa porta estreita! Seu nome é JESUS. E quando entramos à graça e passamos pela porta estreita, Ele nos conduz a uma vida de potencial glorioso.

O Caminho, a Verdade e a Porta Estreita

Por que isso é importante para seguirmos Cristo e crescermos na fé? Porque há um nome que é fundamental para nossa capacidade de viver a vida grande e abundante que Deus quer: Jesus. Pode ser que não tenhamos parado para pensar nas implicações, significado e poder que há por trás do nome de Jesus, mas isso é essencial se quisermos chegar ao destino que nos foi divinamente designado. De fato, Jesus não nos deixou muita escolha. Ele disse: "Eu sou o caminho, e a verdade, e a vida. Ninguém vem ao Pai senão por mim" (Jo 14.6).

Observe que Jesus não disse que Ele é o guia turístico ou o policial de trânsito do caminho para conhecer a Deus. Ele afirmou ser o caminho. Mesmo eu não tendo dúvida de que o caminho para conhecer a Deus é apenas através de Jesus, também sei que a mensagem do evangelho é inclusiva, não exclusiva. Jesus convida a todos - homens e mulheres, judeus e gentios, ricos e pobres, jovens e velhos, todos -, para aceitar o presente da graça pela confissão desse único e exclusivo nome. Ao mesmo tempo em que Jesus declara ser o único caminho (exclusivo), Ele oferece o caminho para todos os que invocam o seu nome (inclusivo). Ele é tão inclusivo quanto exclusivo. Trata-se da natureza subversiva do evangelho, o caminho de cabeça para baixo do Reino e as Boas-Novas para todos.

Para que você desfrute a vida espaçosa e ampla que Jesus veio trazer, acesse e desfrute nEle, temos que acreditar quando Ele disse: "Entrai pela porta estreita, porque larga é a porta, e espaçoso, o caminho que conduz à perdição, e muitos são os que entram por ela; E porque estreita é a porta, e apertado, o caminho que leva à vida, e poucos há que a encontrem" (Mt 7.13,14). Como falei na Introdução, esse texto bíblico me inspirou a escrever este livro e serviu de andaime estrutural. Jesus deixa claro que não será fácil, ou conveniente, ou popular segui-lo. Mas, como veremos, temo que, às vezes, tornamos a porta mais estreita e mais confinante do que Jesus a tornou. Estou me adiantando. A chave para destrancar a porta estreita é Jesus. Não há outro nome. Vamos analisar o que faz o seu nome único e por que só esse nome é mais poderoso que qualquer outro.

O que Há em um Nome?

— Houston?

— Presente.

Você sabe o que fazer. Inúmeras vezes temos de dar o nosso nome, reconhecê-lo ou responder a ele. Dependendo da dificuldade que outros tenham com ele, estamos acostumados a soletrá-lo para entrega de pedidos e consultas médicas. Podemos nos sentir muito orgulhosos do nosso nome e da herança familiar que representa, ou podemos ter mudado de nome por uma variedade de razões. Não podemos negar, porém, que os nomes têm grande poder pelo que associamos a eles.

Muitos têm uma relação engraçada com o próprio nome. Sequer pensam neles muito, mas servem de ponto de referência para as outras pessoas. Damos nomes às pessoas para distingui-las, identificá-las e honrar algo maior (a família, a empresa, a herança) do qual façam parte.

Meu nome é Brian Charles Houston. Não sei exatamente no que minha mãe e meu pai estavam pensando quando escolheram o nome "Brian". Charles era o nome de meu avô materno, e eu só soube o peso da honra que eu carregava quando meu filho mais velho teve um menino e escolheu chamá-lo de Zion Alexander CHARLES Houston – o nome de ambos os seus avôs! Brian Charles Houston me serve muito bem no que diz respeito a nomes. Minha identidade está em meu nome, não espiritualmente falando, e sim como vivo a vida na terra como homem.

Minha credibilidade está nesse nome.

Minha reputação está nesse nome.

Minha autoridade está nesse nome.

Para dar autoridade a alguém, a minha autoridade, assino o meu nome. O reconhecimento é transmitido por meu nome. Tem certas limitações, entretanto. Meu nome não me dá acesso automático ao Palácio de Buckingham ou à Casa Branca.

Porém, meu nome me dá acesso a determinados lugares.

Recentemente, minha filha e seu filho Jack, meu neto, iam fazer uma viagem de avião de Sydney no mesmo dia em que eu também ia viajar. Embora estivéssemos indo para destinos diferentes em linhas aéreas diferentes, tínhamos tempo para passar juntos no aeroporto. Na época, Jack ainda estava amamentando, então minha filha procurou um lugar privado. Foi, então, que sugeri que ela viesse comigo ao salão de espera da companhia aérea. Embora procurem manter certa exclusividade, com a minha agenda de viagens frequentes, sinto-me como se o saguão do aeroporto fosse minha segunda casa, e pensei que não se importariam se eu levasse uma hóspede que não pertencia ao rol de seus passageiros.

Entramos pelas portas deslizantes de vidro fosco, passamos pelo porteiro que sempre me cumprimenta com um sorriso, e imediatamente um rosto familiar olhou para mim na recepção, sorrindo. Tendo em vista que a honestidade é sempre a melhor política, descobri que a abordagem direta é a mais eficaz. Depois que a recepcionista e eu trocamos gentilezas, inclinei-me e disse:

— Esta é minha filha Laura. Ela não está viajando comigo hoje. Embarcará no voo de outra companhia aérea um pouco mais tarde. Será que ela pode ficar comigo na sala de estar?

A moça olhou para minha filha e o pequeno Jack e não pôde deixar de sorrir diante do belo quadro de uma mãe e seu filho.

— Bem, Sr. Houston — começou ela em tom de desculpa. — Não é permitido fazer isso... e eu sequer deveria considerar a possibilidade. Mas para você, é claro que podemos.

Assim, minha filha teve a permissão de entrar na área do salão exclusivo e esperar junto comigo em um ambiente mais silencioso, mais particular. Ela não teria conseguido no poder do seu nome, mas neste caso, meu nome lhe deu acesso. Meu nome a levou onde o seu nome não conseguiria ir. Claro que sei que não vai demorar muito até que nossos papéis se invertam, e eu esteja dizendo a todos:

— Sou o pai de Laura. Você conhece Laura, certo? Bem, eu sou o pai dela.

Naquele dia, porém, o seu nome e a circunstância limitaram sua capacidade de entrar no salão particular. Laura não tentaria entrar sozinha por conhecer as regras de adesão. Contudo, tendo em vista que o seu pai estava com ela, pude obter acesso para ela.

Na vida, infelizmente, tentamos viver de acordo com as limitações do nosso nome, em vez de entender que a esperança que temos, a vitória que temos, o poder que temos, a promessa que temos estão em um nome totalmente diferente que opera em um nível completamente distinto. Noutras palavras, presumimos que não podemos fazer algo por causa de nossas limitações. Esquecemo-nos de quem nos criou, nos empodera e pode fazer qualquer coisa.

Veja bem, podemos entrar na plenitude da vida, mesmo que a porta seja estreita, porque temos a autoridade do nome de Jesus. Não há nada em sua vida, seja desafio, problema, sofrimento, sobre o qual você não possa falar o nome de Jesus e ver a vitória. Assim como Laura obteve acesso por ser minha filha, pertencemos a uma família com muito mais poder, influência e autoridade: a família de Deus.

O Nome Imutável

Desde que abrimos novas igrejas pelo mundo, em cidades como Londres, Kiev, Düsseldorf, Paris, Cidade do Cabo, Nova York, e mais recentemente, Los Angeles, podemos ser tentados a presumir que o nome Hillsong esteja atraindo as pessoas. Mas isso seria um grande erro. O nome Hillsong até pode inicialmente atrair as pessoas, mas nunca salvará ninguém!

Não me interprete mal. Somos abençoados por ter um nome reconhecido que Deus agraciou, como Hillsong. É o nosso nome, e foi Deus quem nos abençoou com esse nome. De fato, eu sei que Hillsong é, talvez, um nome um tanto quanto estranho para uma igreja. Você já deve ter adivinhado que não surgiu do texto original hebraico ou grego, e você também não encontrará a palavra Hillsong na Bíblia. Não, abrimos pioneiramente nossa pequena igreja em uma região de colinas no noroeste de Sydney chamada "Distrito Hills". É simples assim.

Quando começamos a produzir os primeiros CDs de adoração ao vivo, percebi que as pessoas podiam não comprar música intitulada "Adoração do Centro de Vida Cristã em Hills" (de acordo com o nome original da nossa igreja). Não era fácil de pronunciar. Reuni-me, então, com nossa equipe, sentamo-nos e sugerimos ideias livremente de como chamar esses projetos. Todos se decidiram pelo nome "Hillsong". Na época, a marca englobava os CDs e a pequena conferência anual e criativa de música, de modo que, a cada anúncio que colocávamos, convidávamos as pessoas para participar dos eventos "Hillsong". Mas, à medida que a adoração e a conferência ganhavam força e cada vez mais pessoas vinham, houve confusão com o nome da igreja. Não era raro ouvir: "É este o Centro Cristão Hills?" ou "o Centro de Vida Hills?" e "É aqui que tem aquelas pessoas que cantam as músicas de

Hills?". As pessoas começaram a dizer coisas como: "Você frequenta aquela Igreja Hillsong?", até que pegamos a dica e mudamos o nome. E o resto, como dizem, é história. Hoje, Hillsong é um nome reconhecido não só na Austrália, como também em todo o mundo! Mal sabíamos que uma pequena igreja suburbana, localmente apelidada de "Hills", iria se espalhar muito além do distrito de seu homônimo.

Obviamente, não é preciso dizer que temos orgulho de fazer parte dessa comunidade de igreja global, e agradecemos a Deus por Ele nos dar influência através do nome Hillsong.

Mas a verdadeira influência, a verdadeira fonte de poder de todo ministério já feito pela Hillsong, não tem nada a ver com o nome que está sobre a porta da igreja. A verdadeira influência e fonte de poder vem daquEle que é nosso foco e Salvador. Todo impacto que temos vem do Filho de Deus, Jesus. É Ele quem adoramos, quem seguimos, quem buscamos para nos guiar. O seu nome está acima de todo nome e tem poder acima de todo nome. Nunca foi sobre uma igreja chamada Hillsong, sempre foi sobre um Salvador chamado JESUS!

O Juramento

A Bíblia diz que, nos tempos bíblicos, quando as pessoas faziam um juramento, elas procuravam um nome que tivesse mais autoridade, alguém que tivesse mais poder que elas mesmas. Se faziam um juramento em nome dessa autoridade superior, então era obrigatório, e a autoridade superior tornava-se responsável se a promessa não fosse cumprida. Observe a promessa exclusiva que Deus fez a Abraão:

> Porque, quando Deus fez a promessa a Abraão, como não tinha outro maior por quem jurasse, jurou por si mesmo, dizendo: Certamente, abençoando, te abençoarei e, multiplicando, te multiplicarei. E assim, esperando com paciência, alcançou a promessa. Porque os homens certamente juram por alguém superior a eles, e o juramento para confirmação é, para eles, o fim de toda contenda. Pelo que, querendo Deus mostrar mais abundantemente a imutabilidade do seu conselho aos herdeiros da promessa, se interpôs com juramento, para que por duas coisas imutáveis, nas

> quais é impossível que Deus minta, tenhamos a firme consolação, nós, os que pomos o nosso refúgio em reter a esperança proposta; a qual temos como âncora da alma segura e firme e que penetra até ao interior do véu. (Hb 6.13-19)

Temos aqui uma explicação que soa quase como um documento legal ou algo que ocorre em um tribunal. Em certo sentido, é exatamente o que é, uma compreensão da autoridade de Deus manifestada através de seu Filho. Deus estava falando sobre bênção e fruto e, para selar a promessa, fez um juramento em seu próprio nome. Por causa de nossa natureza pecaminosa, Deus sabia que havia uma brecha, uma separação permanente entre o seu mundo e o nosso. Então, Ele enviou Jesus para ser a ponte para viajarmos para o Reino de Deus.

E por que Deus fez tal juramento em seu próprio nome? Porque não há outro nome que seja maior! Não há autoridade maior ou nome maior no universo! Noutras palavras, o nome de Jesus nos dá acesso às coisas de Deus, acesso ao milagroso, ao sobrenatural. Leva-nos além das barricadas e limitações e faz-nos ir à presença do Deus Todo-poderoso.

O poder de seu nome repercute continuamente por toda a Bíblia. Em Efésios 1.21, vemos que o seu nome está "acima de todo principado, e poder, e potestade, e domínio, e de todo nome que se nomeia, não só neste século, mas também no vindouro". E mais uma vez em Filipenses 2.9-11: "Pelo que também Deus o exaltou soberanamente e lhe deu um nome que é sobre todo o nome, para que ao nome de Jesus se dobre todo joelho dos que estão nos céus, e na terra, e debaixo da terra, e toda língua confesse que Jesus Cristo é o Senhor, para glória de Deus Pai".

A Bíblia também deixa claro que até os demônios têm de reconhecer o poder do nome de Jesus. O seu nome faz com que todos os joelhos se dobrem e todas as línguas confessem a verdade de quem Ele é.

Na cultura judaica, o nome Jesus significa literalmente "Jeová é salvação", que muitas vezes traduzimos por "salvador". O nome veio do próprio Deus, quando enviou o anjo para visitar Maria com a surpreendente notícia de que ela seria a mãe do Filho de Deus. O anjo disse-lhe: "Maria, não temas, porque achaste graça diante de Deus, e eis que em teu ventre conceberás, e darás à luz um filho, e pôr-lhe-ás o nome de Jesus. Este será grande e será chamado Filho do Altíssimo; e o Senhor Deus lhe dará o trono de Davi, seu pai, e reinará eternamente na casa de Jacó, e o seu Reino não terá fim" (Lc 1.30-33). Quanto significado, poder, história e autoridade contidos em um nome!

Meu nome tem limitações, e o seu também. Se vivermos de acordo com nossa autoridade e influência, então sempre toparemos com nossas limitações.

É por isso que a única esperança que temos vem do nome de Jesus. O seu nome é a porta apertada, e temos o direito de viver e operar sob esse grande nome que está acima de todos os nomes. Esta é a melhor notícia possível, sobretudo em relação aos problemas para os quais não temos respostas. Enfrentamos obstáculos na vida e nos sentimos pressionados a sair do caminho fiel de seguir a Cristo. Chegamos tão perto do que o futuro nos reserva, mas não temos acesso. Não encontramos a trilha que nos leva ao lugar que Deus nos chama para alcançar, nem temos certeza de quais passos dar em seguida. É quando o poder do santo nome de Jesus torna-se nossa chave.

O nome de Jesus é forte e, ainda assim, suave. Feroz e, ao mesmo tempo, gentil. É digno de confiança, sincero, poderoso e misericordioso, e a declaração de sua capacidade ilimitada continua por toda a eternidade. A melhor notícia de todas é que você e eu o herdamos como coerdeiros, irmãos e irmãs de Jesus. Temos um legado de poder, propósito e possibilidades que mal utilizamos. A porta pode ser estreita, mas Jesus sempre abre passagem para aqueles que vivem sob seu juramento de salvação, sob sua promessa, para aqueles que viajam pelo seu nome imutável e inabalável.

Você quer saber qual é o caminho para passar pela porta estreita? É o nome de Jesus. Não há outro caminho, não há outro nome!

CAPÍTULO DOZE

Invocando o Nome de Jesus

Your Name is higher,
Your Name is greater,
all my hope is in You,
Your Word unfailing,
Your promise unshaken.
All my hope is in You.
Teu nome é mais alto,
Teu nome é maior,
toda a minha esperança está em ti,
Tua Palavra é infalível,
Tua promessa é inabalável.
Toda a minha esperança está em ti.
— "Anchor", Hillsong Music, 2013

— JESUS!

Você já precisou clamar por esse nome? Talvez por desespero ou medo, você foi confrontado por uma situação em que você não pensou em outro nome.

Eu já.

Nos primeiros dias, nossa igreja ainda se reunia num salão de uma pequena escola nos subúrbios do noroeste de Sydney, e meu filho Ben tinha cerca de dois anos de idade. Depois de quase dois anos de crescimento consistente, semana após semana, tínhamos lotado o salão da pequena escola onde tudo começou para nós, e passamos a procurar um espaço maior e novo para as reuniões. Foi um desafio, mas arrendamos um depósito novo em folha na mesma região, o qual estava se desenvolvendo cada vez mais. As pastagens e piquetes de cavalos estavam sendo substituídos por empresas e barracões, como o que alugamos.

Acho que, naqueles dias, a segurança no trabalho não era monitorada e regulamentada com tanto rigor quanto é hoje, pois nossos escritórios ficavam em um mezanino no andar superior, acima do espaço para as reuniões e, ainda que as escadas tivessem corrimão, as colunas eram mais decorativas do que firmes. Não havia muito para evitar que alguém caísse ou escorregasse entre as colunas do corrimão.

Certa tarde, estava eu sentado em meu escritório, quando ouvi um estrondo feio e tão forte que fez o edifício tremer momentaneamente. A pancada vinha das escadas do lado de fora de minha porta. Imediatamente, pensei: Oh, Senhor, que não seja Ben. Como eu havia dito, Ben tinha entre dois e três anos, e ele costumava visitar os escritórios, enquanto Bobbie e eu trabalhávamos. Como era de se esperar, quando cheguei correndo ao topo das escadas, vi Ben caído lá embaixo, no pavimento térreo, que era um piso de concreto frio, sem tapete ou proteção de qualquer tipo.

Descendo as escadas, vários degraus por vez, corri para meu filho, meu filhinho, e percebi que ele não estava respirando. A sensação de mal-estar dentro de mim instalou-se, e me senti absolutamente aterrorizado. Cada momento parecia estar congelado, como se eu não pudesse fazer nada para ele que fosse suficientemente rápido. A pele pálida de Ben estava ficando cada vez mais branca, tingida por uma cor azul-arroxeada. Um pequeno filete de sangue escorria da parte de trás de sua cabecinha, onde eu sabia que tinha de estar fraturada.

Bobbie também estava na igreja e veio correndo quando ouviu o tombo. Ambos nos sentimos muito desamparados e instantaneamente responsáveis por não ficar de olho nele com mais cuidado. Debruçamo-nos sobre a forma imóvel de nosso filho, cuja pele brilhava intensamente com uma coloração azulada ainda mais forte. Ben ainda não estava respirando, e esses poucos momentos pareciam uma eternidade. Eu não sabia se devia movê-lo, mas também não podia suportar vê-lo caído no chão de concreto frio. Instintivamente, peguei-o nos braços e segurei-o perto do meu peito, enquanto gritava o único nome que eu podia dizer:

— JESUS!

Foi uma oração, um pedido, um apelo urgente por ajuda. Foi o choro de um mendigo que implorava para manter o bem mais precioso que ele tem, de um pai que tomaria o lugar do filho num instante. Milagrosa e imediatamente, o nosso menino piscou os olhos e começou a respirar de novo. Não sei se foi o susto que recebeu de um grito tão alto, mas gosto de acreditar que foi o poder que está no único nome que eu poderia chamar naquele instante.

Descobriu-se que Ben teve um corte na testa e fratura no crânio. Ainda hoje, ele tem a cicatriz, ao lado de outras mais recentes, por jogar rúgbi e praticar outros esportes radicais. Mas graças a Deus, não houve dano permanente em decorrência do trauma naquele dia. Não tenho dúvidas de que a única palavra que pude dizer, o nome de Jesus Cristo, o salvou.

Mais que Prata e Ouro

Como todo pai pode dizer, há ocasiões em que a única coisa que você pode fazer para ajudar o filho, quer ele seja jovem ou adulto, é invocar o nome de Jesus. E você não precisa ter filhos para invocar o poder do belo nome de Jesus. Você só tem de crer, confiar e ouvir a voz amorosa de Deus enquanto você trafega pela jornada da vida.

Ainda que encontremos inúmeros exemplos e demonstrações do poder do nome de Jesus na Bíblia, uma de minhas cenas preferidas ocorre em Atos. No terceiro capítulo, temos dois discípulos de Jesus a caminho para o templo em Jerusalém para orar.

> "Pedro e João subiam juntos ao templo à hora da oração, a nona. E era trazido um varão que desde o ventre de sua mãe era coxo, o qual todos os dias punham à porta do templo chamada Formosa, para pedir esmola aos que entravam. Ele, vendo a Pedro e a João, que iam entrando no templo, pediu que lhe dessem uma esmola. E Pedro, com João, fitando os olhos nele, disse: Olha para nós. E olhou para eles, esperando receber alguma coisa. E disse Pedro: Não tenho prata nem ouro, mas o que tenho, isso te dou. Em nome de Jesus Cristo, o Nazareno, levanta-te e anda. E, tomando-o pela mão direita, o levantou, e logo os seus pés e tornozelos se firmaram. E, saltando ele, pôs-se em pé, e andou, e entrou com eles no templo, andando, e saltando, e louvando a Deus. E todo o povo o viu andar e louvar a Deus; e conheciam-no, pois era ele

> o que se assentava a pedir esmola à Porta Formosa do templo; e ficaram cheios de pasmo e assombro pelo que lhe acontecera" (At 3.1-10).

Entre as muitas entradas do templo, talvez a mais impressionante fosse a porta chamada Formosa. Se puder imaginar, essa porta tinha 23 metros de altura e era feita de bronze, com todos os tipos de desenhos ornamentais e cenas elaboradas gravadas no metal espesso. A porta era tão pesada que eram necessários 20 homens fortes para abri-la. Flávio Josefo, historiador do século I, mencionou esta porta e explicou que se chamava Formosa, porque era mais que ouro e prata em seu esplendor deslumbrante e intrincado.

O texto bíblico nos informa que essa porta representava muito mais do que apenas uma entrada formosa para certo homem coxo. Tratava-se de um mendigo que, por não poder trabalhar, por 40 anos fora trazido e posto ao lado da porta para mendigar onde muitas pessoas passavam. Todos os dias da vida, por 40 anos, o aleijado era levado para a porta Formosa. Ao lado da porta, ele podia ficar sentado e pedir dinheiro, mas não tinha autorização de entrar no pátio do templo como os muitos judeus que detinham certo status. Apesar da beleza magnífica, a porta bem que podia ter sido uma barricada de pedra ou uma cortina de ferro.

O mendigo coxo viu Pedro e João prestes a entrar no templo pela porta Formosa e pediu-lhes dinheiro, fazendo o que fazia todos os dias. Os dois discípulos notaram o homem, pediram sua atenção total e disseram a ele que não tinham dinheiro. "Não tenho prata nem ouro", disse Pedro. Mas deu ao mendigo algo precioso, ordenando-lhe que se levantasse e andasse no nome de Jesus Cristo de Nazaré.

Observe que Pedro não estava tentando viver de acordo com o que ele não tinha. Ele sabia que seu nome, ou o de João, ou de outra pessoa da cidade não tinham a capacidade autorizada de curar e restaurar a condição vitalícia daquele homem. Mas Pedro sabia o que tinha: o poder do nome de Jesus. Muitas vezes, ficamos obcecados pelo que não temos e esquecemos o que temos. Pelo nome de Jesus, temos tudo o que precisamos. Mesmo não tendo dinheiro, Pedro conhecia o valor precioso do nome do seu Mestre. Ele sabia que o nome de Jesus, como a porta Formosa do templo, era mais que ouro e prata.

Imagine ser esse coxo que fora inválido por toda a vida. Ele viu não só os pés se endireitarem, mas também sentiu os tornozelos e as pernas fortes. Quando Pedro o ajudou a levantar-se do chão para ficar sobre os pés, o homem descobriu um estado de saúde física – pernas livres de dor –, que ele nunca conhecera.

De repente, ele estava testando sua força recém-descoberta e fazendo coisas que nunca fizera antes: andar, pular e saltar. Agora, ele podia ir onde nunca fora sem ajuda até esse dia. Passara todo esse tempo, 14 mil dias, sendo levado para a porta, e agora, pela primeira vez, pôde passar pela porta e entrar no templo. Com tal poder de cura fluindo pelo corpo, o homem recentemente curado não tinha escolha, senão louvar a Deus. Até que enfim, ele podia entrar pela porta Formosa, podia literal e figurativamente entrar no lugar mais íntimo de oração, louvor e adoração na presença de Deus.

Pedro disse ao homem que se levantasse e andasse, e até pôs-se a ajudar o homem a ficar de pé. Gosto desse detalhe, porque mostra que Pedro fez o que pôde para ajudar o homem em necessidade, mas Pedro sabia que o verdadeiro poder para a cura do homem só poderia vir de Jesus. É um quadro bonito e conciso do papel da igreja.

Nosso papel é levantar as pessoas, usar nossas forças e habilidades, de modo que o poder de Deus, através do nome de Jesus Cristo, as cure, restaure e capacite a conhecer o amor de Deus.

Muitos, muitos anos atrás, como jovem pastor, percebi que, se minha pregação e ensino fossem sempre no sentido de edificar e levantar a vida daqueles a quem falo, ao invés de ficar polarizado em exortar as pessoas a me ajudar a cumprir a minha visão e edificar a nossa igreja, então Jesus edificaria a sua igreja. Sempre foi meu objetivo edificar a vida espiritual das pessoas e também sua vida cotidiana; pregar para as suas segundas-feiras e não apenas para os seus domingos. Isso inclui levantar a vida dos falidos e necessitados, alcançando os pobres de espírito e os pobres de recurso.

Por anos, nossa igreja tem se esforçado em atender a necessidade dentro e fora de nossas paredes, na comunidade local e mais além. A necessidade é grande, mas é a generosidade desimpedida de crentes que permite que a obra do Reino e o nome de Jesus avancem para lugares que nunca teríamos previsto ou imaginado. Hoje, as crianças em Bombaim, Índia, estão aprendendo a ler e escrever, estão sendo alimentadas, vestidas e escolarizadas, e também estão dando à próxima geração de sua sociedade esperança para o futuro. Comunidades inteiras na África têm sido impactadas pela generosidade da igreja. Temos visto escolas, casas, programas de alimentação e postos de trabalho surgirem das planícies lamacentas e da pobreza, trazendo alegria para as famílias. Homens e mulheres têm sido salvos, resgatados e impedidos de entrar na indústria do tráfico sexual. Temos conseguido do tráfico sexual, esse objetivo através parcerias que fizemos com outros para ensinar e processar as pessoas envolvidas, bem como acabar com esse crime horrível contra a humanidade.

A igreja de Jesus Cristo em todo o mundo tem de estar comprometida em ver as vidas mudadas, as famílias fortalecidas, as cidades transformadas e as gerações futuras posicionadas para fazer a diferença. É através desse trabalho que temos a oportunidade de levantar a vida das pessoas e apresentá-las à realidade salvadora de Jesus Cristo.

O que temos a oferecer – o maravilhoso e belo nome de Jesus – está muito além e é mais precioso do que prata ou ouro.

Citando o Nome de Famosos

Porém, a história da cura do coxo ainda não terminou, nem por remota possibilidade. Pulando e gritando de alegria, o homem entrou com Pedro e João ao pátio do templo em uma parte conhecida como alpendre de Salomão (At 3.10,11). Quando todos se maravilharam ao ver o mendigo coxo de pé e andando, Pedro sabia que ele não poderia levar o crédito pelo milagre e nem teria sonhado em tentar.

Mas dar crédito a Jesus, que, por essa época, já havia sido preso, crucificado e ressuscitado, não caiu bem para os líderes religiosos judeus que queriam Jesus morto. Não causou surpresa quando os guardas do Sinédrio, que estavam à porta do templo, imediatamente prenderam Pedro e o interrogaram. Eles queriam saber o que todo mundo queria: "Como você fez esse homem andar? Por qual nome? Com que poder? Com que autoridade? O que está acontecendo aqui?".

Pedro deixou inegavelmente claro que o único nome capaz de tal milagre é o nome de Jesus. Ele disse: "Seja conhecido de vós todos e de todo o povo de Israel" (At 4.10). Ele proclamou o poder do nome de Jesus e queria que todos lá e também aqui e agora reconhecessem a autoridade ilimitada do nome de Jesus. Como eu havia dito, Jesus não era uma pessoa muito popular naquele tempo. O seu nome não era um nome que Pedro deveria citar para tirá-los dessa confusão.

Como produto da natureza humana, tendemos a gostar de citar o nome de pessoas famosas. Você sabe, mencionar as celebridades que conhecemos, que reconhecemos nos aeroportos, que vimos de relance no restaurante ou com quem nos sentamos em um jantar de caridade. Agimos assim, talvez, no esforço de parecermos mais glamorosos e importantes, ou fingir que a vida é mais empolgante por associação.

Mas, como Pedro revela, só o nome de Jesus tem o poder de curar vidas e mudar corações. Pedro e João não poderiam tê-lo feito por conta própria assim como você ou eu não poderíamos ter curado o coxo. Eles sabiam o que significava passar pela porta estreita de uma situação aparentemente impossível. Sabiam o que significava confiar em Deus para o impossível.

Pelo nome de Jesus, temos o mesmo acesso ao poder de Deus que eles tinham. Tragicamente, muitas vezes vivemos na limitação de nosso nome, e não na liberdade que temos pelo nome que está acima de todos os nomes. Contentamo-nos com menos e presumimos que chegamos ao limite, que os melhores dias da vida já passaram. E se vivemos apenas de acordo com o nome que ganhamos ou o nome que escolhemos, então estaremos diante de limitações intransponíveis. Mesmo que sejamos uma celebridade famosa, uma notória figura pública ou da realeza, ainda temos as limitações de nossa humanidade.

Só um nome nos eleva acima das limitações com as quais nascemos. É o nome que nos faz ir onde nunca fomos, fazer o que jamais fizemos ou sequer imaginamos ser capazes. É um nome igualmente pessoal quanto é poderoso, íntimo quanto é universal. É exclusivo em ser o único caminho para Deus e, ainda assim, inclusivo no seu convite a todas as pessoas – judeus e gentios, homens e mulheres, escravos e senhores.

O nome de Jesus desencadeia poder em sua vida diferentemente do que você já experimentou. Esse nome pode abrir portas, sarar feridas e revelar um caminho no meio das águas de um mar agitado pelo vento. O nome de Jesus nos permite irromper as limitações de nosso próprio nome e de nossa própria capacidade. A esperança que temos em nome de Jesus é uma âncora para a alma, uma ponte segura e firme que une o céu e a terra. O relacionamento com Jesus leva-nos a sair do mundo natural e entrar diretamente no âmbito eterno da presença de Deus. Se verdadeiramente cremos que o nome de Jesus é mais alto, que a sua palavra é maior e que o seu poder torna todas as coisas possíveis, então nossa âncora nos manterá firmes, não importa o quanto as tempestades da vida esbravejam.

Âncora para a Alma

There is hope in the promise of the cross.
You gave everything to save the world You love.
And this hope is an anchor for my soul.
Our God will stand unshakable.
Há esperança na promessa da cruz.
Tu deste tudo para salvar o mundo que amas.
E esta esperança é âncora para a alma.
O nosso Deus permanece inabalável.
— "Anchor", Hillsong Music, 2013

Essas palavras foram escritas por Ben Fielding e Dean Ussher, dois dos nossos jovens compositores aqui em Sydney. Eles começaram a trabalhar na canção inspirados por Hebreus 6.19, que diz: "Temos esta esperança como âncora da alma" (NVI). Como muitos compositores fazem, eles se afastaram da ideia depois de ficarem presos em letras e melodias e passaram a trabalhar em outras músicas.

Semanas depois, Dean e Rachel, hoje pastores de adoração na Igreja Hillsong em Melbourne, tragicamente sofreram um aborto espontâneo, e essa música tornou-se muito mais pessoal. Ben e Dean sabiam que tinham de terminar o que começaram. Apesar da circunstância, esse texto bíblico tornou-se firme certeza no meio de tamanha perda e dor. Ambos os compositores dedicaram-se a elaborar a letra baseando-se em Hebreus 6. Por coincidência orquestrada por Deus, eu estava escalado para pregar naquela semana e preguei sobre a promessa de Deus, sua promessa feita a Abraão e, hoje, a nós.

Hebreus 6 considera a nossa atual esperança e a natureza inabalável da promessa de Deus como itens inseparáveis. A passagem fala de duas coisas inabaláveis: a promessa de Deus e o seu juramento (o seu nome). A esperança que ancora a alma é a esperança no fato de que Deus deseja cumprir o que prometeu e é plenamente capaz de cumprir. Ele manteve a palavra através da morte e ressurreição de Jesus. Deu-nos seu nome como selo de sua promessa. O seu nome é maior e mais elevado do que a circunstância mais devastadora. Quando tudo está abalado, sua palavra e o poder do seu nome permanecem inabaláveis.

É pelo nome de Jesus que você encontra um novo início, e um novo dia, uma nova esperança e a garantia de um futuro glorioso. Deus ama você e Ele está ao seu lado. Ele enviou seu único Filho para salvar você de seus pecados.

Sim, a porta é estreita, mas também é formosa. Pelo poder do nome de Jesus, seus pés já estão à porta. Mesmo quando você cair e perder o fôlego, um nome tem o poder da vida. Um nome levanta você repetidamente. Um nome é a âncora da nossa alma. Um nome tem as respostas para a doença e a morte, tem as chaves da bênção e da esperança futura. Seja qual for o próximo passo, sejam quais forem as circunstâncias que você enfrentar, que o nome que você invocar seja daquEle que sempre responde: Jesus.

CAPÍTULO TREZE

Descobrindo que Estreito nunca É Apertado

You hold the universe,
You hold everyone on earth.
Tu deténs o universo,
Tu manténs todos na terra.
— "All I Need Is You", Hillsong Music, 2005

— Por que alguém iria querer ver um filme sobre nós?

Essa foi minha resposta quando certos produtores de Hollywood aproximaram-se de Bobbie e de mim com uma proposta para fazer um filme sobre a Hillsong. Estávamos em Los Angeles, onde recentemente tínhamos plantado uma nova igreja, quando recebemos uma mensagem de nosso departamento de mídia em Sydney. Dois senhores envolvidos na indústria cinematográfica tinham entrado em contato com nossa igreja e pedido uma reunião com a gente. Ambos eram devidamente credenciados e bem relacionados, e ofereceram-se viajar de carro de Hollywood ao Condado Orange para se encontrarem conosco. Bobbie e eu estávamos curiosos, para dizer o mínimo.

No almoço daquele dia, fomos abençoados em ouvir a história mais surpreendente. Eu conhecera Jon, o primeiro produtor, brevemente no ano anterior, quando ele visitava a Austrália para promover um filme da Paramount Pictures. Durante o tempo em que ficou na Austrália, ele visitou a Conferência Hillsong e contou-nos que, naquele dia, ele ficou profundamente impactado pelas pessoas e pelo espírito de nossa igreja. Ele era cristão e tinha recentemente levado Matt, seu colega produtor (o outro convidado para o almoço), para assistir ao concerto Hillsong UNITED na icônica Hollywood Bowl. Naquela noite, pode ter sido uma das únicas vezes que esse anfiteatro estimado fora cheio de adoração. Ele não tinha certeza se seu amigo iria gostar da mensagem abertamente cristã, porém estava desejoso de apresentá-lo à música que significava muito para ele e sua fé.

Eles foram ao concerto e encontraram lugar lá em cima na parte de trás da multidão de 18 mil pessoas. Depois de apenas duas canções, Jon virou-se e, para seu desalento, viu que Matt não estava mais ao seu lado. Jon presumiu que seu amigo não ligava para música dinâmica com mensagem inegavelmente cristã e que fora embora. Tudo bem, pensou ele. Acho que essa não é a sua praia. Espero que ele não tenha ficado ofendido.

Entretanto, duas horas mais tarde, no final do concerto, ele viu Matt correndo em sua direção.

— Onde você estava? — perguntou. — Pensei que você tinha ido embora.

— Não, eu estava lá embaixo! — respondeu Matt. — Eu não sei explicar... há tanto poder no que aconteceu hoje à noite! Nunca vi nada parecido.

Conforme se descobriu, como um garoto do ensino médio, Matt enfiou-se pelo meio da multidão para descer e chegar à frente do palco, onde ficou cativado por quase três horas de adoração. Como produtor de produções teatrais ao vivo, como We Will Rock You, ele viu enorme potencial no momento e começou a nos dizer como queria que as pessoas experimentassem o que ele experimentou àquela noite.

Quando ouvimos essa história, Bobbie e eu olhamos um para o outro e contivemos o sorriso. Os dois tinham nossa total atenção. Ambos passaram a descrever a visão que tinham para um filme que destacaria as melhores canções favoritas de nossa jornada de 30 anos, com cenas dos bastidores, as histórias e compositores das canções, tudo através das lentes da Hillsong UNITED. Era claro que tinham pensado muito em seu ramo de atividade e estavam realmente entusiasmados.

Bobbie e eu contamos essa visão para os demais integrantes da equipe Hillsong, e depois de breve debate, seguimos adiante com a realização do filme Hillsong: Let Hope Rise. Foi surreal estar nos escritórios de distribuidores e financiadores de Hollywood ao longo dos meses, bem como entrevistar os candidatos a diretor. Todos tinham currículos impressionantes depois de dirigir filmes de grande sucesso. Pela graça de

Deus, vimos todas as peças se encaixarem miraculosamente. Contando nossa jornada de um salão escolar nos subúrbios de Sydney para uma igreja agraciada com crescentes congregações em muitas das grandes cidades do mundo, o filme dá aos espectadores a oportunidade de experimentar o impacto do louvor e adoração que Deus engendrou através da Igreja Hillsong. Sabíamos que seria um trabalho árduo, especialmente para a equipe UNITED e suas famílias, sem falar na situação embaraçosa de ter câmeras apontadas para nós constantemente. Por fim, não poderíamos deixar passar a oportunidade de direcionar as pessoas àquele por quem vivemos e desejamos glorificar: Jesus.

Indo ao Cinema

Por vezes, tenho de sacudir a cabeça de admiração pelos dias em que estamos vivendo e como o mundo mudou. Para usar uma generalização, anos atrás, muitos cristãos gastavam tempo e energia preocupando-se com práticas externas e questões religiosas que não tinham muito a ver com amar a Deus e amar as pessoas! As atitudes intolerantes de uma minoria, que forçava suas opiniões talvez bem-intencionadas, porém desinformadas sobre os outros, como "não nadar aos domingos" ou "rock-and-roll é música do diabo", acabaram afastando e repelindo as pessoas de entrar em uma igreja ou invocar o nome de Jesus. Cresci numa época em que nossos pastores, anciãos e pais diziam que não devíamos ir ao cinema no caso de "Jesus voltar e você estar no cinema". Jesus, ao que parece, não ia ao cinema! Esse exemplo de pensamento pequeno não faz nada em prol da mensagem do evangelho, e até hoje vemos esse tipo de atitude que dá má fama aos cristãos.

Se vivermos a vida de forma tão limitada, crendo no que grande parte do mundo continua a crer sobre o cristianismo, ou seja, que ele tem o propósito de ser mantido pequeno e silencioso, representado por edifícios em ruínas e cheios de deduragem de pessoas bitoladas e hipócritas, então nunca estaremos em posição de receber todas as oportunidades que Deus pode nos dar. Oportunidades como uma igreja local estar em parceria com Hollywood de modo culturalmente relevante para espalhar as Boas-Novas!

Da mesma forma, filmes, multimídia, luzes e música alta não são para todos. É minha firme convicção de que a relevância não diz respeito às roupas que você veste, ao tipo de música que você canta na igreja ou à marca do carro que você dirige. A verdadeira relevância é medida pela distância entre o que você diz e o que você faz. Caso suas ações e estilo de vida não se alinhem com o que você diz, prega e crê, então sua mensagem é irrelevante. Acredito que, se vivermos a vida de forma plenamente aberta e permanecermos relevantes nos termos da definição acima, então veremos oportunidades com os olhos espirituais e atrairemos o favor de Deus.

Isso significa que não podemos limitar nossa visão do que é servir a Jesus! O que tenho aprendido ao longo de muitos anos é que o favor de Deus é inexplicável e anticonvencional em relação ao cristianismo "seguro" e "confortável" que as pessoas preferem. Nem por um minuto sequer, acredito que precisamos nos conformar com o mundo, a fim de nos tornar atraentes para os sem-igreja. É importante entender que a mensagem (o evangelho) é santa, porém acredito que os métodos têm de mudar.

Aberta e Plena

Sempre disse que prefiro ser músico a crítico de música, cineasta a crítico de cinema, chefe de cozinha a crítico de gastronomia. Prefiro ser construtor de igreja a crítico de igreja. Prefiro viver a vida como o tipo de pessoa que se envolve com o mundo do cinema e da televisão, que gasta dinheiro com o sistema de som para que as noites de sexta-feira no grupo de jovens compita com as boas festas que ocorrem rua abaixo, e que empregue esforços extras para, graciosamente, abrir as portas da igreja para atividades durante a semana, a fim de que as pessoas que nunca sonham em ir a um culto de domingo se sintam acolhidas, amadas e cuidadas.

Eu gosto muito da maneira como Paulo falou aos coríntios sobre a vida com Jesus: "Não consigo expressar em palavras quanto desejo que vocês entrem nesta vida plena e cheia de possibilidades. Não o queremos que se fechem assim. A pequenez que sentem vem de dentro de vocês. A vida que Deus dá não é pequena: vocês é que a vivem de modo pequeno. Digo isso com franqueza e com grande afeição. Abram a vida! Comecem a vivê-la plenamente!" (2Co 6.11-13, versão A Mensagem).

Aberta e plena ou, em outros termos, compassiva e acolhedora, graciosa e abrangente. Hoje, com a mídia social tão difundida, continuo a ficar surpreso com o número de pessoas com raiva que se identificam como cristãs, mas que não têm nada de positivo, esperançoso, afirmador, gracioso ou compassivo para dizer sobre alguém ou alguma coisa. Há críticos particularmente duros e intolerantes que estão determinados a azucrinar as pessoas pelo Instagram, Twitter, Facebook e fóruns, criticando todas as formas de fé e estando prontos a ridicularizar publicamente os outros que têm pontos de vista diferentes.

Meu amigo Phil Cooke chama indivíduos como esses de "teólogos de poltrona". São os que se escondem atrás da tela do computador e procuram "questões" para mostrar aos irmãos, sob o pretexto de prestação de contas bíblica. Eles veem a si mesmos como uma espécie de bússola teológica, prontos para destacar tudo o que parece errado, fora do rumo ou em desalinho com o que entendem da Bíblia. Isso não é viver de forma aberta e plena, e, o mais importante, não tem semelhança com a maneira compassiva que Jesus viveu a vida na terra. Ironicamente, Jesus reserva suas palavras mais duras para os religiosos.

Como líder, valorizo a necessidade de prestação de contas e feedback construtivo de colegas e companheiros, de amigos com credibilidade relacional e ministerial que se dedicariam em oferecer assistência e correção. Essas conversas podem nos fazer líderes melhores se mantivermos um espírito ensinável. É sábio dar muito pouca atenção aos ataques anônimos e mesquinhos de quem nunca se submeteu à prestação de contas e correção. Temos de seguir a direção de Deus, e não os caprichos da opinião pública.

Todo aquele

A verdade é que esta forma amarga, estreita e mesquinha do cristianismo de uma minoria não é nada novo. É esse tipo de pessoas que os discípulos encontravam em suas viagens. Eram indivíduos muito críticos de Jesus e procuravam toda oportunidade para provar que Ele não era o Filho de Deus. São os mesmos líderes religiosos hipócritas que Pedro e João encontraram depois de curarem o coxo que mendigava junto à porta Formosa do templo em Jerusalém. Assim que entraram no pátio do alpendre de Salomão, onde o homem recentemente curado estava saltando e pulando, Pedro e João ouviram as pessoas exigirem explicações imediatas sobre a possibilidade do que ocorrera. Estando cheio do Espírito Santo, bem como sendo um pregador apaixonado em formação, Pedro sabia que tinha a atenção integral de todos e aproveitou a oportunidade para falar do evangelho:

> "Varões israelitas, por que vos maravilhais disto? Ou, por que olhais tanto para nós, como se por nossa própria virtude ou santidade fizéssemos andar este homem? O Deus de Abraão, e de Isaque, e de Jacó, o Deus de nossos pais, glorificou a seu Filho Jesus, a quem vós entregastes e perante a face de Pilatos negastes, tendo ele determinado que fosse solto. Mas vós negastes o Santo e o Justo e pedistes que se vos desse um homem homicida. E matastes o Príncipe da vida, ao qual Deus ressuscitou dos mortos, do que nós somos testemunhas. E, pela fé no seu nome, fez o seu nome fortalecer a este que vedes e conheceis; e a fé que é por ele deu a este, na presença de todos vós, esta perfeita saúde" (At 3.12-16).

Mais uma vez, Pedro deixa inegavelmente claro que não foi o seu poder que curou o coxo, e sim o poder do nome de Jesus. E para ter certeza de que o público entendeu a mensagem, Pedro explica a conexão direta entre "o Deus de Abraão, e de Isaque, e de Jacó, o Deus de nossos pais" e o "seu Filho Jesus". Todos que estavam no templo estavam ali para adorar e honrar a Jeová, o grande "Eu Sou", sobre quem tinham aprendido que era o único Deus verdadeiro, o Deus do seu povo, aquEle que libertou o povo de Israel do Egito e os levou à Terra Prometida. Eles, porém, em sua maioria, tinham rejeitado Jesus como o Messias, o há muito prometido Salvador, e, em parte, foram responsáveis por sua prisão e morte.

O que acho surpreendente aqui é a confiança que Pedro mostra. Ele não mede palavras! Basicamente, ele admite que o caminho para Deus é através de uma porta estreita. Afinal de contas, Deus é santo e perfeito, e as pessoas são pecaminosas. Mas lhes conta as mesmas Boas-Novas que temos para contar com as pessoas do mundo de hoje: Jesus é a porta estreita, e "todo aquele que invocar o nome do Senhor será salvo" (Rm 10.13).

"Todo aquele que invocar" – gosto muito dessa frase. Quem sou eu para impedir a obra salvadora de Jesus, colocando restrições tacanhas sobre os outros?

Por quarenta anos, o coxo fora levado para as portas do templo, mas, pela primeira vez na vida, ele entrou pelas portas do templo. Ele foi onde nunca tinha ido e fez o que nunca tinha feito, andando, pulando e louvando a Deus. Exatamente assim que é a vida com Cristo. É ir onde você nunca foi e fazer coisas que todos diziam que não podia ser feito.

Indo para o Cemitério de Igrejas

Somente há poucos anos atrás, creio que Deus falou comigo sobre o momento certo de plantar nossa primeira Igreja Hillsong nos Estados Unidos. Sempre havia algo sobre grandes cidades com muitas pessoas que me chamava a atenção. Pela graça de Deus, a Igreja Hillsong está florescendo em todas as grandes cidades de nível internacional onde estão plantadas.

Eu sabia, muito antes de começarmos, que Nova York seria uma dessas cidades, e desde que tomei conhecimento de Carl Lentz e meu filho Joel (na época com 21 anos de idade e aluno na faculdade bíblica na Austrália) terem o sonho de um dia começarem uma igreja juntos em Nova York, uma cidade que anteriormente fora chamada de "cemitério" de igrejas. Veja bem, apesar das muitas grandes igrejas e pastores que já servem a Deus nessa incrível "cidade que nunca dorme", onde novas discotecas e restaurantes abrem aos montes, há também muitas igrejas que estão "arruinadas". Muitas pessoas nos avisaram dessa realidade e dos perigos que corríamos por plantar uma igreja nessa cidade grande, ímpia e transitória. Ainda assim, sabíamos que Deus sempre tinha aberto portas para nós, se estivéssemos em sintonia com o Espírito Santo, obedecêssemos à sua liderança e estivéssemos no lugar certo, no momento certo, com as pessoas certas.

Passados cinco anos, a Igreja Hillsong em Nova York está prosperando. Estamos constantemente enchendo sete cultos por fim de semana e vendo as pessoas fazendo fila em volta do quarteirão para ouvir a verdade do evangelho. Uma de minhas partes preferidas da Igreja Hillsong Nova York é ver a diversidade da multidão a cada domingo. Dos anônimos aos famosos, a Palavra de Deus e a adoração apaixonada estão tocando a vida das pessoas nessa cidade e mudando-as de dentro para fora. Estamos servindo ao lado de outras grandes igrejas e ministérios em Nova York e, juntos, estamos vendo a selva de concreto e o "cemitério de igrejas" reviverem no poder do nome de Jesus. Paulo disse aos coríntios que a "pequenez" vem de dentro de nós, e não de Deus. A "pequenez" que sentimos em uma cidade tão grande poderia ter impedido o que o Senhor queria fazer, se tivéssemos permitido que ela navegasse pelo nosso pensamento.

A verdade é que a porta de entrada para conhecer a Deus é apertada e restrita apenas quando entramos por conta própria. Quando a mente humana não compreende a obra milagrosa de Cristo, então, neste caso, em vez de permitir que sua graça e poder salvador nos impressionem, criticamos o que não sabemos e recuamos do que parece desconhecido. Regras, limites, normas e disciplina tornam-se um fardo somente quando somos forçados a obedecer e compreender pelo nosso poder o que não podemos fazer.

Mas através de Jesus, temos liberdade, vida, propósito, poder, alegria e paz. A porta estreita nunca fará de você uma pessoa menor, porque você nunca fica em segundo lugar quando coloca Deus em primeiro lugar. Quando coisas incríveis acontecem na vida, há pessoas que tentam explicá-las ou encontrar uma razão "racional". Se não nos compreendem, porque reduziram a porta estreita para o tamanho do buraco da fechadura, a fim de coincidir com seus preconceitos e limitações, então temos de ser graciosos, amorosos e respeitosos nas respostas. Temos de perceber que, em nossa vida cotidiana, através de nossas igrejas, através também das situações em que Deus nos coloca, as pessoas ficarão confusas por um testemunho que não faça sentido para elas. Quando somos parte de algo que não é resultado de nosso poder, os outros só podem coçar a cabeça.

Mesmo quando você está refletindo de maneira ativa e precisa sobre quem Jesus é, mesmo quando você está revelando a vida ampla e espaçosa que Ele traz quando entramos pela porta estreita, há pessoas que serão atraídas para Deus através de você. Elas perceberão algo diferente em você, algo que não diz respeito a quem você é ou ao que você está fazendo, mas sim algo sobrenatural, um vislumbre de Cristo. As pessoas estão com fome de conhecer a Deus. Por isso, quando tivermos a oportunidade de curar, pregar e ensinar em nome de Jesus, não recuemos.

Há pessoas também que tentarão silenciar você, seja por afirmarem que conhecem a Deus, quando, na verdade, não o representam, seja por não o conhecerem e não entenderem as coisas de Deus. Mas por causa do poder que temos por meio de Jesus Cristo, sempre nos sentiremos compelidos a falar a verdade de quem Ele é e do que Ele fez por nós. Onde o Espírito de Deus abrir as portas, temos de continuar a andar, sabendo que a porta é estreita, porém não restritiva. Noutras palavras, se um dia alguém se aproximar de você e falar sobre fazer um filme de sua vida que faz refletir o que Jesus tem feito, não rejeite!

"Ele é tão sublime que tudo que é de Deus encontra um lugar apropriado nele, sem nenhum conflito" (Cl 1.19, versão A Mensagem).

CAPÍTULO CATORZE

Um Chamado Santo

When You call I won't refuse,
Each new day again I'll choose
There is no one else for me,
None but Jesus.
Quando tu chamares, não recusarei,
A cada novo dia, escolherei novamente
Não há mais ninguém para mim,
Ninguém, senão Jesus.
— "None But Jesus", Music Hillsong, 2006

Nos primeiros anos de nosso ministério, quando nossos filhos eram pequenos, Bobbie e eu mal podíamos arcar com as despesas de férias, muito menos, por exemplo, nos afastar de nossa pequena, porém crescente congregação. Desde o início, aprendemos a importância do tempo passado com os filhos e começamos a ter um histórico de férias maravilhosas, mesmo com nossos recursos limitados. Lembro-me de muitos dias de verão em que levei meus meninos para as ondas do fundo do mar, incentivando-os a subir nas minhas costas e segurar firme, enquanto nós deslizávamos juntos até a praia. Por alguns dias, o estresse e a pressão de sermos jovens pastores em um novo país e plantarmos uma nova igreja derretiam-se ao calor do sol.

Nos piores dias, eu pensava como seria bom retroceder, talvez conseguir um emprego que não tivesse pressão. Via alguém cortando o gramado com um trator de cortar grama, com aquele cheiro gostoso de grama recém-cortada que acompanha a primavera, e pensava: Imagine um trabalho como esse! Quando a maior preocupação é se a gasolina será suficiente para terminar o trabalho. Esses pensamentos não duravam muito, porque era minha forte convicção de que eu tinha de viver meu chamado, e não só ser salvo.

A Bíblia diz que Deus "nos salvou e chamou com uma santa vocação [chamado]; não segundo as nossas obras, mas segundo o seu próprio propósito e graça que nos foi dada em Cristo Jesus, antes dos tempos dos séculos" (2 Tm 1.9). Você está satisfeito em ser salvo? Ou o seu compromisso é viver o chamado? Acredito que o "chamado" tira a opção do "acomodamento".

Havia um antigo pastor que abriu uma igreja em Sydney nos idos da década de 1920 ou 1930, e ele continuou a ministrar, pregar e pastorear até aos oitenta e poucos anos de idade. Como conta a história, tendo ele acabado de pregar em certa manhã de domingo, a congregação encerrou o culto com o hino "Within the Veil I Now Would Come" (Para Dentro do Véu Agora eu Vou). E foi exatamente o que ele fez! O velho pregador passou desta terra para o céu bem ali, na mesma igreja que ele abriu! Haveria melhor maneira de morrer?

Admiro a determinação que esse pastor tinha relacionada ao chamado de falar do evangelho e, embora eu não queira estar fazendo tudo o que faço hoje quando eu tiver meus oitenta e poucos anos, oro para que, enquanto eu tiver fôlego, eu viva com o senso do chamado e propósito. Quero encontrar alegria e paixão ao mentorear as pessoas e preparar as gerações para construir sobre os alicerces que nós (e os que vieram antes de nós) trabalhamos para construir.

Não é assim que você quer viver a vida? Cheio de paixão e emoção, com o conhecimento confiante de que você está fazendo a diferença na vida das pessoas, contribuindo com seus esforços em prol do Reino de Deus e de acordo com os propósitos eternos? Raramente é fácil, mas sempre é gratificante quando estou seguindo o exemplo de Jesus, guiado pelo Espírito de Deus e cumprindo o propósito para o qual Ele me fez. Como descobrimos, este processo é uma aventura reveladora, cheia de desafios inesperados e surpresas milagrosas, com tribulações e alegrias que aumentam nosso amor por Jesus.

A única vez que não gostei desse nível de satisfação foi quando fui tentado a me contentar com menos que o melhor de Deus ou quando perdi minha visão para o futuro.

Visão Pessoal

Provérbios 29.18 diz: "Não havendo profecia, o povo se corrompe". Outra versão diz: "Onde não há revelação [visão] divina, o povo se desvia" (NVI).

Jamais devemos subestimar a importância do que pensamos sobre nós mesmos, o chamado e o propósito que mantemos, os quais nos impulsionam a vida para frente. O que faz com que você pule da cama todas as manhãs? Qual é sua visão pessoal para sua vida? Quando não temos confiança no plano e no propósito de Deus para nossa vida, quando andamos através da vida sem visão, então estamos andando por uma perigosa corda bamba.

Paulo levava uma vida destrutiva antes de seu encontro com Jesus na estrada de Damasco, antes de entrar pela porta estreita. Embora continuasse irascível após sua conversão, o estilo de vida de Paulo foi realinhado para que se tornasse construtor da igreja, e não destruidor da igreja. Tudo o que havia nele anteriormente estava direcionado para destruir a igreja; mas em Cristo, ele descobriu para o que ele foi chamado a fazer. Em Cristo, Paulo encontrou uma visão pessoal.

Talvez, como Paulo, você esteja achando que foi longe demais no caminho errado e que tomou muitas decisões erradas para viver uma vida de sabedoria e discrição. Talvez você se sinta como se tivesse perdido o caminho e não esteja conseguindo encontrar a saída. Talvez você tenha acabado de fazer escolhas erradas ao longo da estrada difícil. Não se desespere! Nunca é tarde demais para fazer mudanças e escolher novamente o caminho de Deus para sua vida. O seu caminho é Jesus (veja Jo 14.6), e a sua Palavra é a luz que mostra a você a direção para onde ir (veja Sl 119.105). A graça de Deus recolocará você no caminho certo e estabelecerá sua vida em uma fundação que permanecerá firme nos tempos de tempestades e ensinará você a tomar decisões sábias para um futuro glorioso.

A vida é cheia de escolhas. As escolhas que você fizer determinarão o curso de sua vida. Mas o caminho de Deus – a porta estreita – sempre apontará na direção do propósito e realização do Senhor.

Olhando para Cima, Olhando para o Futuro

Frequentemente nossas decisões mais difíceis são as pequenas, as incrementais, as escolhas que são inofensivas no momento. Identificamos e resistimos às grandes tentações, mas as grandes questões da vida começam com as pequenas escolhas. Ninguém acorda pela manhã e pensa: Hoje vou me contentar com menos ou Hoje vou parar de seguir a Deus para ver o que acontece. Não, o inimigo tende a nos minar nos pequenos momentos de fraqueza. É um atalho aqui, uma concessão ali, um desvio rápido acolá. É por isso que devemos manter o foco no exemplo que Jesus nos deu.

Apesar de ter vindo a terra em missão como Filho de Deus, Jesus enfrentou as mesmas tentações que enfrentamos, inclusive a tentação de acomodar-se. Nosso inimigo tentou Jesus com as mesmas oportunidades de contentar-se com menos do que o melhor de Deus com que o diabo nos tenta hoje. A escala é diferente, mas a essência da tentação é basicamente a mesma.

Em Mateus 4, o diabo desafia Jesus a questionar a própria identidade. Por duas vezes, ele diz: "Se tu és o Filho de Deus...". Está sentindo a provocação? "Se você for mesmo quem diz ser, então você poderá transformar pedras em pães e pular de penhascos!". Mas Jesus sabe como manejar a espada da verdade, de modo que Ele resiste à tentação do diabo que objetivava testá-lo. Jesus apenas responde com o contraponto correto da Escritura para revelar a lógica tacanha e distorcida do diabo. "Vai-te, Satanás, porque está escrito: Ao Senhor, teu Deus, adorarás e só a ele servirás" (v.10).

Creio que o tentador nos desafia com a mesma estratégia em mente. Se ele conseguir nos levar a duvidar de quem somos e do que estamos fazendo, se ele conseguir obscurecer nossa visão, então ele nos levará a nos contentar com menos do que o melhor de Deus. Ele fará você questionar seu chamado e seus melhores esforços, e ainda levará você a sentir-se condenado, questionando sua identidade em Cristo.

Esses tipos de armadilhas procuram minar o destino ao qual Deus está levando você. Se começarmos a duvidar das instruções, rota ou destino, então geralmente pararemos de tentar e resolveremos as coisas. Mas assim que paramos, torna-se cada vez mais fácil ir pelo caminho fácil, o caminho da menor resistência. Por que se preocupar com a realização de algo que parece impossível quando você pode relaxar?

Jesus resistiu às tentações do diabo, baseando-se na verdade da Palavra de Deus, que é nosso maior recurso. Sempre que nos sentirmos como se não fôssemos suficientemente talentosos ou suficientemente inteligentes, que não tivermos recursos suficientes ou apoio suficiente, que devemos abaixar nossas expectativas, então temos de voltar para o que a Palavra de Deus nos diz. A Bíblia nos garante que podemos todas as coisas em Cristo, que somos mais do que vencedores. Deus nos diz que Ele suprirá todas as nossas necessidades de acordo com os seus recursos ilimitados. Temos de lembrar o que é verdadeiro e não começar a questionar o que Deus nos chamou para fazer.

Algumas vezes eu creio que seguir a Jesus pela porta estreita é como Pedro andando sobre as águas. Enquanto ele manteve os olhos no Mestre, ele conseguiu dar os passos. Mas assim que olhou para baixo e percebeu que seria impossível ele fazer o que estava fazendo, então, como era de se esperar, afundou como uma pedra. Se mantivermos os olhos em Jesus, então a porta é mais do que larga para entrarmos. No entanto, se nos concentrarmos na pequenez da abertura ou em todos os caminhos que os outros estão escolhendo, então perderemos de vista a porta.

Olhos para cima, um pé na frente do outro.

Invente e Invista

Para resistir à tentação de acomodar-se, devemos viver a vida de modo que os frutos do nosso trabalho permaneçam por muito mais tempo após o nosso corpo físico perecer. Para edificar o Reino eterno de Deus e deixar esse tipo de legado, temos de permanecer pioneiros abastecidos pela graça, comprometidos a explorar o território inóspito ao que Deus nos chama, quer seja a sala de aula do jardim de infância, o campo missionário em outro país ou a sala de reuniões no nosso local de trabalho.

Cada campo tem seus pioneiros que dedicam a vida e carreira à inovação e experimentação. Pode ser num laboratório ou com um notebook, a céu aberto ou no interior de um escritório. É assumir o compromisso de ser o melhor que você pode ser no que você foi chamado a fazer. É identificar suas paixões e buscá-las com uma curiosidade vitalícia. É liderar quando seria mais fácil seguir alguém e seguir a Deus quando você quer seguir seu próprio caminho.

Os pioneiros assumem riscos e dão os primeiros passos em direção a uma nova descoberta, muitas vezes desconhecida. Eles inventam o que precisam enquanto vão, usando os recursos que Deus oferece e não se concentrando no que não têm. Entram em algo novo e acreditam que Deus cumprirá o que prometeu e fornecerá os recursos necessários para realizar as possibilidades de vocês chegarem à grandeza de suas vidas. Inovar, não se conformar com menos, significa permitir que Deus expanda sua imaginação, aumente sua sabedoria e multiplique seus recursos, de modo que suas energias sejam sustentadas e ampliadas. Não para sua própria glória, mas, sim, para a glória de Deus. Quando você serve a Deus e vive uma vida significativa, essa condição não só abençoa você, mas também oferece oportunidades para que outros sejam abençoados também.

O melhor da missão de Deus é quando estamos satisfazendo a sede profunda e a necessidade contínua que há na alma humana. Nos conduzindo a uma vida significativa não em prol de nossa fama e realização, mas, sim, para que possamos levar os outros a casa – a casa que é a casa de Deus, a igreja, aqui na terra, e a casa que é o lar eterno que nos espera no céu. Enquanto você seguir a chamada de Deus para sua vida e manter-se fiel ao pioneirismo maravilhoso do Espírito Santo, sua vida transbordará de alegria, significado e também do melhor de Deus.

O Chamado antes do Conforto

Nunca me contentei em me acomodar quando ficou claro que a Hillsong era a maior igreja da Austrália, porque meu objetivo como líder de igreja nunca foi construir uma igreja de determinado tamanho ou ganhar notoriedade pelo reconhecimento do mérito. Meu objetivo sempre foi fazer o que Deus estava nos chamando para fazer. Mantendo essa mentalidade, alcançamos mais pessoas em mais países do que jamais teríamos sonhado. E ainda me sinto como se Deus estivesse me incentivando a crescer, nos incentivando, nos desafiando a não nos acomodar ou ficar muito tranquilos.

A Hillsong foi apelidada de "a igreja que nunca dorme". Em muitos aspectos, é a descrição verdadeira de uma casa que está sempre aberta, sempre indo de um evento, de um culto, de um local para o outro. Estamos sempre procurando a próxima coisa, a coisa nova que Deus quer fazer. Quando paramos para comemorar, é uma pausa temporária, porque não estamos contentes em descansar sobre os triunfos do passado, mas estamos sempre olhando para o futuro.

Algumas vezes esse modo de vida pode causar certo atrito. O crescimento contínuo que temos experimentado ao longo dos anos traz consigo, inevitavelmente, as dores do crescimento. Nunca esquecerei a primeira reunião de sexta-feira à noite em Paris, a cidade das luzes, a cidade do amor, onde catedrais históricas são visitadas diariamente por turistas, porém raramente por adoradores. Desconheço em que ponto da história isso aconteceu, mas, como país, a França afastou-se de Deus. Mais de quarenta por cento da população afirma não ter crença espiritual. Mesmo assim, isso não nos impediu de fazer o que Deus estava nos chamando para fazer.

Paris seria nossa primeira tentativa de uma Igreja Hillsong na Europa ocidental (fora Londres), e eu não sabia o que esperar. Durante anos, um pequeno grupo de pessoas da Igreja Hillsong em Londres trabalhou e orou sobre o pioneirismo de uma igreja contemporânea centrada em Cristo em Paris. Sempre foi nosso objetivo e crença permanente que a Hillsong em Londres causaria um impacto na grande Europa, e esta foi a semente que possibilitou nossa primeiríssima reunião. Muitas pessoas que conheciam Paris melhor do que eu me disseram que seria um avivamento caso cem pessoas dessa cidade "sem Deus" comparecessem à reunião.

Na noite da primeira reunião, Gary Clarke, nosso pastor-líder de Londres, e eu pegamos um táxi para irmos ao local que ficava a menos de um quarteirão do Centro Pompidou e a curta distância do Museu do Louvre e do rio Sena. Quando estávamos a uma ou duas quadras da praça, uma fila de pessoas apareceu à distância, de pé, no frio e fazendo a volta no quarteirão. Virei-me para nosso anfitrião e perguntei por que essas pessoas estavam fazendo fila. Fiquei espantado ao descobrir que estavam tentando se espremer no pequeno teatro que tínhamos alugado. Era impossível fazer com que todos entrassem, e até hoje não sei de onde essas pessoas vieram! Até mesmo um repórter e um cinegrafista de um importante jornal australiano estavam presentes para documentar a expansão da Igreja Hillsong na Europa e registrar o que foi uma noite histórica. Saí aquela noite com uma nova inspiração e visão sobre o clima e fome espiritual pela verdade na Europa, a mesma fome que vimos replicada em Barcelona, Amsterdã, Estocolmo, Düsseldorf. Nossa oração contínua é que vejamos um avivamento espiritual acender na Europa.

Após a primeira noite, tivemos de cuidar da questão de transformar a multidão em igreja, descobrindo quem dos presentes permaneceria. Tivemos de encontrar lugares consistentes, acessíveis e adequados para reunir e formar o DNA e a cultura para a equipe de liderança. Desde aquela primeira noite, tivemos de trabalhar duro para construir uma igreja constantemente cheia de pessoas fiéis. Mas hoje, em muitas de nossas Igrejas da Hillsong, estamos criando equipes de voluntários que sejam aptos em gerenciar filas, acomodando pessoas que esperam por horas lá fora até o próximo culto.

Até hoje, as filas são uma característica de muitas de nossas congregações com edifícios que lutam para fazer caber o crescimento. Quer seja do lado de fora do Teatro Dominion, no West End de Londres, ou do lado de fora do Salão de Bailes Hammerstein e do Salão de Bailes Manhattan, no centro de Manhattan, ou até do lado de fora do Teatro Belasco, que traz nova vida ao centro de Los Angeles. Esses são problemas que nunca imaginaríamos que teríamos, e pelos quais os que vieram antes de nós oravam... bons problemas, dores de crescimento. Em muitos aspectos, essas dores de crescimento não nos dão espaço para nos acomodar, porque exigem respostas e provisão milagrosas todos os dias.

A busca por novos líderes, a urgência de criar equipes de voluntários e discipular novos cristãos são o tipo de dificuldade que pode se tornar avassaladora e, às vezes, desconfortável. Todavia, quando as coisas ficam desconfortáveis, podemos optar por nos concentrar no objetivo final: a salvação, o discipulado e o futuro glorioso de Deus.

Eu te encorajo por mais difícil que seja o caminho, por mais distante que esteja a visão, por mais desconfortável que seja o trajeto, escolha o chamado antes do conforto.

Plantado e Florescendo

Seu chamado e vocação estão em risco de serem influenciadas, arrancadas ou desviadas durante os momentos inevitavelmente desconfortáveis, caso você não esteja fundamentado na verdade e não seja regado por relacionamentos responsáveis e ensino encorajador. Se você quiser cultivar o tipo de vida significativa modelada por Jesus, se você quiser florescer em sua visão e vocação pessoal e entrar em um futuro glorioso, então será necessário criar raízes profundas. Essa é uma verdade bíblica que encontramos em toda a Escritura.

Na Palavra de Deus, somos comparados a árvores no modo como vivemos a vida e respondemos ao dom da graça de nosso Pai: "Ele será como a árvore plantada junto às águas, que estende as suas raízes para o ribeiro" (Jr 17.8). "O justo florescerá como a palmeira; crescerá como o cedro no Líbano. Os que estão plantados na Casa do Senhor florescerão nos átrios do nosso Deus" (Sl 92.12,13, KJV).

Para mim, em se tratando de florescer em seu chamado, a igreja é inegociável. Reconheço que a igreja parece diferente para todos, mas é imperativo plantar-se numa comunidade de cristãos que fortaleça, desafie e incentive você em seu chamado. E não estou falando de apenas ser um "cristão domingueiro". Assim como a árvore, se quisermos florescer e produzir frutos, teremos de ter raízes fundas para recebermos nutrição regular. Estar presente e formar relacionamentos significativos com outros cristãos causam um impacto significativo em nosso relacionamento com Deus e em nosso futuro.

Para muitas pessoas, encontrar o seu lugar na família de Deus é o lugar onde também descobrirão seu chamado, ou ganharão um senso de propósito em seu chamado. Mas não desanime se isso levar tempo ou se você ainda não estiver se sentindo plantado ou frutífero. É difícil ficar na frente de uma árvore e vê-la crescer diante dos olhos. A vida, a fé e o serviço a Jesus são assim. Nem sempre vemos o que Deus está fazendo no presente, mas temos de confiar que, se estivermos sendo fiéis em administrar nosso chamado, Ele fornecerá tudo o que precisarmos para continuarmos a crescer.

Assim como a árvore, a vida que floresce é uma vida frutífera. Ela mostrará sinais de crescimento e saúde: folhagens, frutos, flores e sementes em abundância. A árvore em si se tornará forte e resistente, elevando-se acima das tempestades da vida para também fornecer abrigo para os outros.

Quando vivermos de acordo com os propósitos de Deus, quando não vivermos só salvos, quando nos plantarmos na boa "terra e água" de relacionamentos piedosos, da sã doutrina, da verdade da Palavra de Deus, então veremos o fruto de nossa vida produzir mais do que teríamos imaginado. Quando nossa visão for clara e não nos contentarmos com menos do que o melhor de Deus, quando nos recusarmos a ouvir as mentiras do inimigo e entrarmos pela porta estreita, confiantes de nosso chamado, então encontraremos vida em abundância – um futuro glorioso. Paulo resume tudo muito bem em Efésios 1.11: "Foi em Cristo que descobrimos quem somos e por que vivemos" (versão A Mensagem).

Um chamado santo.

Um futuro glorioso.

CAPÍTULO QUINZE

Uma Geração de Jesus

I see a generation rising up to take their place,
with selfless faith.
Vejo uma geração levantando-se para assumir seu lugar,
com fé altruísta.
— "Hosanna", Hillsong Music, 2007

Cresci tendo pais, pastores e nossa casa sempre estava cheia de evangelistas e pregadores convidados que estavam ministrando na Nova Zelândia e que precisavam de alojamento. Em determinada ocasião, um amigo de mamãe e papai, um evangelista de Fiji, estava hospedado em nossa casa e decidiu fazer um estudo bíblico improvisado comigo e minha irmã. Lembro que ele abriu a Bíblia em Mateus 1 e começou a ler em voz alta as quarenta e duas gerações de nomes de família, de Abraão a Jesus.

Como criança, eu mal compreendi a lição e estudo que ele deu naquele dia, porém nunca me esquecerei do entusiasmo. Para mim, era muito óbvio que ele via e entendia algo que eu não via nem entendia. Anos depois, entendo o significado do que esses nomes representavam: a promessa cumprida.

> "Sendo, pois, Abrão da idade de noventa e nove anos, apareceu o SENHOR a Abrão e disse-lhe: Eu sou o Deus Todo-poderoso; anda em minha presença e sê perfeito. E porei o meu concerto entre mim e ti e te multiplicarei grandissimamente. Então, caiu Abrão sobre o seu rosto, e falou Deus com ele, dizendo: Quanto a mim, eis o meu concerto contigo é, e serás o pai de uma multidão de nações. E não se chamará mais o teu nome Abrão, mas Abraão será o teu nome; porque por pai da multidão de nações te tenho posto. E te farei frutificar grandissimamente e de ti farei nações, e reis sairão de ti. E estabelecerei o meu concerto entre mim e

> ti e a tua semente depois de ti em suas gerações, por concerto perpétuo, para te ser a ti por Deus e à tua semente depois de ti. E te darei a ti e à tua semente depois de ti a terra de tuas peregrinações, toda a terra de Canaã em perpétua possessão, e ser-lhes-ei o seu Deus" (Gn 17.1-8).

Quando lemos a Bíblia, não temos de esperar muito para encontrar a promessa geracional que Deus fez ao seu povo, a promessa geracional que Ele fez para *você*. Deus usa as gerações, trabalha através das gerações e está inegavelmente comprometido com as gerações. A fidelidade de nosso Deus não se limita a uma geração, mas passa de geração em geração. O propósito de Deus escolher Abraão e seus descendentes foi para que Ele fosse conhecido e mostrado através da vida e testemunho deles. Deus tem comprovado a si mesmo desde a primeira promessa para Abraão, e nós temos visto isso acontecendo nas gerações que se seguiram.

Séculos mais tarde, a morte de Jesus Cristo na cruz e sua ressurreição nos deram essa mensagem de gerações. Como cristãos, quando optamos por entrar pela porta estreita, ficamos herdeiros da mesma promessa feita a Abraão. Deus prometeu a Abraão que sua bondade e bênção seriam reconhecíveis e que a mesma promessa se estende à nossa geração e às gerações a seguir. Deus ainda escolhe fazer parte das geraçoes, e eu acredito que é pelo poder da comunidade, pela intimidade do relacionamento e pelo veículo da igreja que o Senhor continua a revelar quem Ele é para o mundo.

Suas promessas contínuas são pessoais e universais, direcionadas às vidas individuais que formam sua Igreja, o corpo de Cristo. As promessas de Deus se estendem além das promessas pessoais que temos em nosso coração e unem-nos a todos na esperança que temos em Jesus.

No corpo de Cristo, estamos todos conectados numa grande rede de relações espirituais, e Deus nos usa, uma geração após a seguinte, para nos ajudar mutuamente ao longo do caminho da fé e pela porta estreita.

O Poder da Parceria

O sucesso individual é uma ilusão. Todo aquele que reivindica crédito exclusivo pelos sucessos da vida permite que o orgulho o engane.

Por trás até dos triunfos mais aparentemente individuais, existem treinadores, professores, conferencistas, familiares, amigos, mentores, uma oportunidade criada pelo outro. A confiabilidade nos direciona para a comunidade e não nos afasta dela. É na comunidade (relacionamento e parceria) que descobrimos as necessidades dos outros e respondemos sendo mordomos seguros e confiáveis do que nos foi dado, bons administradores de nosso chamado santo. O resultado é ações de graça e comunhão com Deus. Quando temos um relacionamento com o Pai celestial, Ele nos dá seu Espírito para nos capacitar e equipar para fazer o que Ele faria.

O fato é que o nosso Deus é Todo-soberano, Todo-poderoso e capaz de fazer absolutamente tudo. Mesmo assim, Ele ainda escolhe nos usar, e depender de nós. Acredito que, quando dependemos e favorecemos os outros, quando abrimos nossas mãos e abrimos nossa vida, Deus sorri. Porque Ele vê que aprendemos algo sobre quem Ele é e sobre quais são suas intenções.

Acredito muito no poder da parceria. Na Igreja Hillsong, há ênfase incrível em sermos pessoas conhecidas por atender generosamente as necessidades e nunca fugir delas, por escolhermos os outros antes do individualismo. Anos atrás, uma família incrível entrou em nossa igreja. Barry e Lynn Denton tinham quatro filhos e passaram a frequentar a Hillsong por desejo de envolver os filhos em um grupo de amigos fortes e um ministério jovem ativo.

Muitos anos depois, quando esses meninos tornaram-se jovens adultos e abriram negócios próprios, dois dos irmãos tomaram a decisão de investir tudo para fundar uma empresa de desenvolvimento. Suas aptidões profissionais complementavam-se, e sua visão do futuro era coesa.

Na época, nossa igreja tinha crescido muito e estava comprovando a impossibilidade de encontrar um lugar consistente para reunir-se. Éramos uma congregação jovem, financeiramente limitada, e eu precisava de uma ideia-Deus, ou seja, ouvir o Espírito Santo dizer sobre como avançar. Eu sabia que era improvável alguém na congregação poder dar essa quantidade de dinheiro, mas uma centena de nós juntos poderíamos fazer parte do milagre de milhões de dólares. Certa noite, no nosso primeiríssimo retiro de homens, cem homens reuniram-se em torno de mim para orar por essa provisão e comprometer-se no que parecia um milagre distante para Jeová-Jiré, o Senhor, nosso provedor. Dois desses homens eram os irmãos Denton. O amor que eles tinham por Deus e o compromisso em construir a sua Casa os levaram a alinhar o seu chamado com uma causa maior – de modo que eles anexaram sua visão à nossa.

A declaração de visão da Igreja Hillsong começa com as palavras "*Para alcançar e influenciar o mundo* construindo uma grande igreja centrada em Cristo e fundamentada na Bíblia". E a visão da empresa dos irmãos Denton é: "*Para alcançar e influenciar o mundo* criando riquezas pelos princípios do Reino para os propósitos do Reino". É exatamente isso o que eles estão fazendo: vivendo os princípios que aprenderam na igreja.

Hoje, seu negócio bem-sucedido compra grandes porções de terra em Queensland, uma região bonita e subtropical da Austrália, que se vangloria de ter a Grande Barreira de Corais como uma de suas muitas joias. Poucos anos depois dessa oração original, as habilidades e trabalho duro dos dois irmãos, acompanhados de determinação e fé, resultaram em sua parceria comercial que dá 1 milhão de dólares para a obra da igreja em um único ano. Este é o poder da parceria com generosidade em mente. Até hoje, esses homens não são apenas parte integrante de nossa equipe de liderança da igreja, mas seus cônjuges, filhos, filhas, sobrinhas e sobrinhos servem em toda a amplitude na família Hillsong, vivendo e liderando uma vida de exemplo. A escolha em entrar em parceria com nossa igreja e, no fundo, com a vontade de Deus para suas vidas, bem como sua generosidade em nível prático, deixou indubitável marca nas futuras gerações que entrarão por nossas portas.

Creio que o sucesso e eficácia na vida, amor e liderança dependem de sua capacidade de entrar em parceira com pessoas estrategicamente colocadas ao seu lado para a realização da aventura, pessoas que querem e podem carregar a visão, correr a corrida e servir Jesus juntos. Uma geração de relacionamentos e parcerias marcadas por Deus para chamados futuros e propósitos inegáveis – uma geração de Jesus.

Honrar o Passado, Construir o Futuro

Nossa capacidade de dar o exemplo para os outros se baseia nas pessoas que vieram antes de nós. Em última análise, tem origem nos primeiros seguidores de Jesus na Igreja Primitiva. Eles não faziam ideia de que estavam lançando um movimento que mudaria o curso da história pelos séculos por vir. Estavam apenas sendo obedientes e seguindo conforme o Espírito de Deus os dirigia.

Muitos anos atrás, em intervalo de meses, visitei as antigas igrejas de dois pastores muito proeminentes e de renome mundial que se graduaram para o céu. Ambas as igrejas tinham agora seus filhos no comando, incumbidos com a liderança e dinâmica de seus ministérios notáveis. Um dos filhos, o qual eu tive a oportunidade de visitar (e, posteriormente, desenvolvi um relacionamento), honrou seu pai a cada passo do caminho, ao mesmo tempo em que agiu calmamente, sendo fiel a si mesmo e mudando muito do que seu pai tinha estabelecido. O resultado foi um espantoso crescimento e influência para o ministério. O outro, no entanto, tentou desesperadamente manter vivo o nome e o ministério de seu pai e sustentar o passado, em vez de construir para o futuro. Quando estive lá, era impressionante ver em todos os lugares as tristes lembranças de antigos dias do passado e perceber que a atual dinâmica chegara a um impasse. As coisas eram desprovidas de vida e de movimento avançado.

A diferença? Um honrou o passado, mas construiu para o futuro. O outro não tinha visão para o futuro e tentou reavivar o passado.

A verdade é que a mensagem de Jesus Cristo é eterna, sendo tão relevante hoje como era há 2 mil anos. No entanto, o desafio para todos nós é este: Como garantir que esta geração ouça a mensagem de forma relevante em meio as milhares de outras vozes que disputam sua atenção?

Em 1 Crônicas 12, lemos que os exércitos de Davi preparavam-se para a batalha. Deus revelara que era o momento certo para Davi substituir Saul, e neste relato em particular, o escritor relaciona a genealogia do exército de Davi e das tribos que o serviam. Gosto da maneira como descreve os filhos de Issacar, no versículo 32: "Os filhos de Issacar, destros na ciência dos tempos".

Assim como os filhos de Issacar, precisamos entender nossos tempos e saber o que fazer se quisermos alcançar eficazmente esta e as futuras gerações. Em outras palavras, precisamos ficar relevantes e em contato com um mundo em constante e radical mudança, sem comprometer a integridade e o poder da mensagem de Cristo.

Anos atrás, lembro-me de falar com minha filha Laura acerca da Hillsong UNITED. Era uma banda de jovens, mas desde então, seus componentes cresceram. Agora, muitos têm filhos, mas ainda estão realizando seus sonhos, quebrando recordes e inovando com novos sons e letras para os adoradores de todos os continentes do mundo. No fundo do meu espírito, apesar do sucesso contínuo da Hillsong UNITED, senti que era hora de ser pioneiro novamente com uma nova geração de Jesus, algo que se conectasse com o coração dos jovens ainda em idade escolar.

Tudo começou tarde em uma noite de verão, depois de um encontro de sexta-feira no *campus* universitário, quando entrei nos ensaios do Wildlife, que é o grupo de jovens para estudantes do ensino médio. Fiquei impressionado com o jovem de 17 anos de idade que estava no palco liderando a adoração como se houvesse milhares de pessoas na sala, embora, na realidade, o auditório estivesse absolutamente vazio. Fui para casa inspirado para contar isso a Laura, que, junto com Peter, seu marido, são nossos pastores de jovens. Quando descrevi minha experiência, ela me disse que Aodhan, o jovem que eu vira, não era apenas líder de adoração, mas também compositor. Naquela noite, eu o vira ensaiar uma de suas próprias canções. Em certo sentido, foi naquele momento e também nessa conversa com Laura que a *Young and Free* nasceu.

A *Young and Free* é uma banda vibrante, mais uma vez formada com o talento de nossa juventude. Tem novos sons e jovens dispostos e admirados por Jesus e que estão provocando um movimento inteiramente novo entre os jovens e adolescentes. Essa revigorante adoração trouxe vida à nossa igreja e também a incrível sensação de empolgação quando as pessoas veem as gerações ficarem mais fortes.

Sempre digo que quero que nossa igreja seja o tipo de igreja que esteja empenhada em capacitar as gerações e liberá-las para fazer coisas ainda maiores do que a minha geração ou daqueles que foram antes de mim. O Salmo 45.16 diz: "Em lugar de teus pais será a teus filhos que farás príncipes sobre toda a terra".

Em lugar de teus pais será a teus filhos. Creio que, como igreja, somos chamados para fazer príncipes sobre toda a terra – aqueles que coroam reis. Temos de levar as pessoas, homens e mulheres, jovens e velhos, do interior do corpo de Cristo ao seu destino dado por Deus. Temos de ajudá-las a viver uma vida ampla e espaçosa e construir rumo a um futuro glorioso. Temos de divulgar a mensagem de Jesus e ver seu Reino avançar, mais forte, a cada geração.

Se você pensar em pais em termos do que é conhecido, esperado, testado e estabelecido, então podemos pensar em filhos como os opostos. Filhos não são testados, são inexperientes, desconhecidos, sem iniciativa e imprevisíveis. A natureza humana nos diz para ficarmos com o que é estabelecido e testado. Todavia, creio que Deus quer que continuemos a nos empenhar para o que é desconhecido e inexperiente, a olhar para frente com um espírito de imprevisibilidade e espírito de aventura.

Não me interprete mal. Temos a responsabilidade de honrar nossos pais, cuidar de nossos pais, amar nossos pais... mas temos uma obrigação com nossos filhos. Tenho profundo sentimento de gratidão pelos que entraram em parceria com Bobbie e eu durante todas as fases da vida da igreja. Nos altos e baixos, nas alegrias e tristezas, nos períodos de força e de frustração total. Mas também tenho visto a forma como muitos ministérios envelhecem, felizmente sem se aperceber da diminuição do seu impacto, influência e relevância, enquanto seu ambiente envelhece com eles. Estou determinado a não permitir que tal coisa aconteça. Precisamos honrar o passado, mas também construir o futuro. Conectados ao mundo em que vivemos, porém posicionados de forma a trazer esperança, amor e respostas às pessoas de todas as esferas e experiências de vida.

As pessoas não estão procurando uma religião obsoleta. Elas querem saber que Deus faz a diferença em suas vidas, suas famílias, seus relacionamentos e seu local de trabalho hoje – e Ele faz! Se tivermos o foco geracional em tudo o que fizermos, nossa fé continuará a crescer para frente, e inúmeras vidas continuarão a ser indelevelmente transformadas.

Recentemente, eu estava pensando sobre isso em relação ao Salmo 44. Nessa passagem, os filhos de Corá refletem sobre os bons e velhos tempos, os dias em que Deus estava com seus antepassados, em contraste com os dias em que estavam vivendo, quando sentiam que Deus os havia abandonado.

Neste Salmo, eles exclamam: "Ó Deus, nós ouvimos com os nossos ouvidos, e nossos pais nos têm contado os feitos que realizaste em seus dias, nos tempos da antiguidade. Como expeliste as nações com a tua mão e aos nossos pais plantaste; como afligiste os povos e aos nossos pais alargaste" (Sl 44.1,2).

O que as próximas gerações dirão quando olharem para trás na história do século XXI? Será que eles, assim como os filhos de Corá, ficarão maravilhados com o movimento de Deus, o progresso da Igreja e o avanço do Reino? Espero que sim. Creio que somos responsáveis pela lenda e legado que deixaremos para as gerações vindouras. Não temos controle sobre como as gerações futuras administrarão o que lhes for dado, mas podemos prepará-los para vencer, ensinando-os a "amar a Deus, amar as pessoas e amar a vida".

Se nosso sério compromisso como crentes e líderes individuais for cumprir isso e ensinar os outros a fazer o mesmo, creio que a Igreja nunca desaparecerá na insignificância.

O Futuro Aguarda...

Quando todos desempenharmos um papel, a Igreja continuará a crescer cada vez mais forte. Sua fundação é Jesus, suas mãos e pés são você e eu, e seu futuro são aqueles que ainda estão por vir. Pense nisto: Quando falamos do evangelho com o vizinho ou a senhora no caixa do supermercado, não estamos falando apenas com essa pessoa, mas também com sua família e, muito possivelmente, com as famílias de suas famílias. Quando doamos generosamente, fazemos o que Jesus disse que estava fazendo – edificando sua Igreja. Edificamos sua Igreja de modo que os que ainda não estejam vivendo a vida ampla e espaçosa, que ainda não passaram pela porta estreita, venham a conhecer o Deus de todas as eras.

Gosto de ver Deus tirar uma pessoa da vida de pecado e de desespero, e não apenas transformar a vida dessa pessoa, mas também transformar as pessoas ligadas a essa pessoa. Brenden é uma dessas pessoas.

Brenden cresceu como coroinha na Igreja Católica; porém, com a idade de 14 anos, um amigo de 17 anos lhe ofereceu drogas e bebida alcoólica em uma festa. E foi aí que tudo começou. Fim de semana após fim de semana, festa após festa e droga após droga, sua vida ficou fora de controle. Aos vinte e poucos anos, Brenden estava vivendo de forma imprudente, e a vida era vazia e cheia de incertezas. Em busca de propósito, ele mergulhou fundo no mundo das festas e tornou-se gerente de uma boate, onde seus hábitos destrutivos não só eram alimentados, mas também incentivados.

Certa noite, na tenra idade de 23 anos, Brenden saiu tropeçando de uma boate depois de tomar uma mistura letal de substâncias. Ele se lembra de como tudo estava girando, de como não conseguia respirar e de como se sentia envolvido pelo medo no coração, quando percebeu que poderia ter ido longe demais. Brenden conta que se sentou numa sarjeta suja, com garrafas vazias e lixo aos seus pés, lutando para manter o controle, enquanto o corpo manifestava a destruição da overdose. Seu corpo tremia, e seu coração batia forte, quando olhou para cima das luzes da cidade, em direção ao céu, e gritou:

— Deus, se você é real, eu estou com medo. Ajude-me a sair deste lugar. Sou muito jovem para morrer!

Deus não só respondeu a oração, mas também, ao longo dos próximos seis meses, trouxe pessoas para a vida de Brenden que lhe contaram a história de amor, esperança e redenção de Deus. Pessoas que o amavam e lhe disseram que Deus também o amava do jeito que ele era. Em março de 2001, dois amigos de Brenden o convidaram para ir à igreja – a nossa igreja.

Brenden recorda as filas do lado de fora do nosso auditório central e lembra-se de ter pensado: *Que tipo de lugar é esse? Eu via filas para casas noturnas, mas nunca para uma igreja!* Naquela noite, ele encontrou Deus e respondeu ao apelo de salvação, abrindo a vida para a obra salvadora de Jesus Cristo. Durante os anos seguintes, tive o privilégio de ver Brenden mudar de estilo de vida, frequentar a Faculdade Bíblica Hillsong e contribuir muito para a vida de nossa igreja. A paixão de Brenden em ver a vida das pessoas transformadas o levou a contar sua história e falar do evangelho com inúmeras pessoas, inclusive seus pais, seu único irmão e, por fim, a bela mulher que se tornou sua esposa.

Hoje, eu observo com grande alegria como Brenden e Jacqui pastoreiam nossa congregação de Burwood, no ocidente de Sydney, trazendo continuamente novas pessoas para a igreja. Seus dois filhos adoram com os braços estendidos em nossos programas direcionados a crianças, e suas famílias não só encontraram Jesus, como também servem na casa de Deus. Um legado familiar inteiro mudou através de uma tremenda história de um encontro, um convite, uma decisão. Veja bem, não devemos construir apenas para o que imediatamente vemos, mas também para o potencial das gerações que ainda não nasceram, para as pessoas que ainda não encontraram Jesus, que um dia se sentarão em nossos lugares, ficarão sobre nossos ombros e farão coisas maiores do que temos feito.

Mantenha hoje mesmo o futuro em vista. Tome agora a decisão certa de escolher o caminho da bênção que o Senhor tem preparado para você na Bíblia, o chamado santo e a porta estreita, de modo que, muito tempo depois de você ter falecido, seu legado de bênção ainda estará vivendo nas gerações por vir. Honre o passado, viva para o hoje e construa um futuro glorioso!

> "Uma *geração* louvará as tuas obras à outra geração e anunciará as tuas proezas" (Sl 145.4, grifo meu).

PARTE 4

Um Futuro Glorioso

CAPÍTULO DEZESSEIS

Um Tipo Robusto de Fé

My faith is in things unseen
Bringing life where it has not been
Speaking things that were not, as if they were
I am alive in You.
Minha fé está nas coisas invisíveis
Trazendo vida onde não havia
Falando coisas que não eram, como se já fossem
Estou vivo em ti.
— ***"All Things New", Hillsong Music, 2014***

Granny Diamond era idosa. Muito idosa.

Parte da grande geração, ela atingiu a maioridade durante a Grande Depressão, uma realidade que moldou essa pequena senhora obstinada na mulher que ela foi. Quando conheci Granny Diamond, ela era idosa e de pequena estatura. Acredito que passei sua altura quando eu tinha uns dez anos de idade. Ela era frágil e encurvada, mas tinha um bom par de pulmões! A igreja onde cresci em Lower Hutt, Nova Zelândia, era uma igreja vibrante com centenas de crentes todos os domingos de manhã. Ainda assim, sempre havia uma voz que se ouvia acima das outras: a voz de Granny Diamond. Ela sempre estava um ou dois compassos à frente de todos, e pelo tom e ritmo dos hinos melódicos, dava para saber se Granny Diamond estava na igreja, embora ela fosse muito baixa para ser vista!

Lembro-me de ter ouvido uma história de Granny Diamond que descreve perfeitamente sua postura de fé. Ao que parece, ela caiu na plataforma da estação ferroviária há muitos anos, enquanto esperava o trem para voltar para casa. Os transeuntes foram prestativos em chamar a ambulância e, em poucos minutos, os médicos estavam no local ajoelhados ao lado dessa mulher pequena e aparentemente frágil. Porém Granny Diamond não queria nada com eles. Embora estivesse deitada na plataforma de trem e ofegante, ela começou a cantar e a adorar a plenos pulmões. Repelindo os paramédicos confusos, ela conseguiu levantar-se e foi a pé para casa, ainda cantando e louvando a Deus.

A fé de Granny Diamond era musculosa, vigorosa e robusta. Ela possuía o tipo de fé que deixou um jovem rapaz impressionado. Granny morreu pouco antes de completar cem anos de idade, e imagino o céu inteiro ouvindo-a louvar, um pouco fora de compasso e um pouco desafinada, porém mais alto que todo o exército celestial.

A fé robusta tem muito pouco a ver com a estatura ou força física, mas tem tudo a ver com o músculo espiritual. Imagino que Granny Diamond esteja entre o tipo de pessoas que encontramos relacionadas em Hebreus 11, chamado de "Hall da Fama da Fé". Essas pessoas exibem o tipo de fé que você precisa, a fim de ter tudo o que está à sua espera, segundo o propósito de Deus. É o tipo necessário de fé para você viver salvo, chamado e cumprindo o futuro glorioso para o qual você foi agraciado.

O Hall da Fé

Catalogando quase toda pessoa incrível e sua história registrada no Antigo Testamento, Hebreus 11 começa definindo o foco: "Ora, a fé é o firme fundamento das coisas que se esperam e a prova das coisas que se não veem. Porque, por ela, os antigos alcançaram testemunho" (11.1,2). Entre os muitos antepassados da fé estão Noé, Abraão, Sara, Jacó, José, Moisés, Raabe, Samuel e Davi. O "testemunho" dessas pessoas é o legado de fé que deixaram, a história de como confiaram em Deus em meio a provações e obstáculos esmagadores.

Claro que não foi seu próprio poder que alimentou as vitórias desses indivíduos. Mas foi através de suas fraquezas que o Senhor lhes permitiu fazer proezas incríveis: vencer reinos, fechar a boca de leões, apagar incêndios, escapar do fio da espada e, ainda que em menor número, ganhar batalhas, pondo em fuga exércitos de estrangeiros (Hb 11.33,34). Parece-me que é fé muito corajosa! Não sei quanto a você, mas eu poderia usar uma fé corajosa assim muitas vezes. Coragem para falar de

Jesus, coragem para fazer a coisa certa, coragem para viver bem, liderar bem e amar bem. Coragem para levantar-me em face dos desafios e permanecer firme nas promessas de Deus.

A Bíblia frequentemente fala sobre essa batalha da fé. É quando você não tem recursos ou oportunidades, não tem soluções próprias, não tem a quem recorrer quando está em batalha, de modo que você é forçado a confiar na capacidade de Deus prover e a conhecê-lo em sua necessidade. Se nada desse errado na vida, então não teríamos necessidade de confiar na fé ou crer em Deus. Poderíamos muito bem estar vivendo no jardim do Éden novamente. Mas não é onde estamos. Vivemos num mundo contaminado pelo pecado humano, um mundo de tentação e decepção, um mundo que Deus salvou através do dom do sacrifício de seu Filho na cruz. Portanto, somos chamados mais do que vencedores (Rm 8.37), refletindo a verdade que somos chamados para lutar a batalha de fé ao longo da vida. Você é apto para esse tipo de fé? Você está pronto e armado para a luta?

Às vezes, é fácil ter fé quando tudo está indo muito bem, mas a fé corajosa – a fé robusta – é forjada somente quando é provada.

Reinos Conquistados

A fé de Josué foi provada. Na verdade, Josué 1 começa com um pronunciamento de Deus:

> "Moisés, meu servo, é morto; levanta-te, pois, agora, passa este Jordão, tu e todo este povo, à terra que eu dou aos filhos de Israel. Todo lugar que pisar a planta do vosso pé, vo-lo tenho dado, como eu disse a Moisés. Desde o deserto e desde este Líbano até ao grande rio, o rio Eufrates, toda a terra dos heteus e até o grande mar para o poente do sol será o vosso termo. Ninguém se susterá diante de ti, todos os dias da tua vida; como fui com Moisés, assim serei contigo; não te deixarei nem te desampararei. Esforça-te e tem bom ânimo, porque tu farás a este povo herdar a terra que jurei a seus pais lhes daria. Tão somente esforça-te e tem mui bom ânimo para teres o cuidado de fazer conforme toda a lei que meu servo Moisés te ordenou; dela não te desvies, nem

> para a direita nem para a esquerda, para que prudentemente te conduzas por onde quer que andares. Não se aparte da tua boca o livro desta Lei; antes, medita nele dia e noite, para que tenhas cuidado de fazer conforme tudo quanto nele está escrito; porque, então, farás prosperar o teu caminho e, então, prudentemente te conduzirás. Não to mandei eu? Esforça-te e tem bom ânimo; não pasmes, nem te espantes, porque o SENHOR, teu Deus, é contigo, por onde quer que andares" (Js 1.2-9).

Josué deve ter esperado por esse tipo de convocação por algum tempo. Nessa passagem, o Senhor estava dizendo a Josué: "Moisés está morto, e agora é a tua vez! Toda essa terra será tua".

Veja bem, Josué conduziu Israel na conquista da Terra Prometida. Foi um comandante militar e líder nacional. Como assessor de Moisés, foi preparado para esse momento muito antes que acontecesse. Penso que é o que Deus faz. Estava ensinando a Josué o que ele precisava saber para tornar-se um líder piedoso, que soubesse muito bem o que estava no futuro. A formação prévia de Josué mostra-nos que Deus pode usar as experiências que você tem da vida para equipá-lo e prepará-lo antes de chamá-lo para fazer coisas ainda maiores. É a preparação para um futuro glorioso. Quando Josué recebeu a chamada, deve ter sido tão entusiasmante, tão acessível, exceto por um ponto: Por que Deus ficou repetindo que Josué fosse forte e corajoso? Será que Ele estava vendo algo que Josué não via? Estava. Ele estava vendo trinta e um *algos*!

Veja bem, Josué tinha 31 reis em seu futuro. Havia 31 reis que ele precisava derrotar a fim de conquistar a Terra Prometida. Cada um desses reis era a barreira não mencionada ou, mais exatamente, a *montanha* que Josué precisaria mover para possuir o futuro glorioso prometido ao seu povo.

A Fé que Move Montanhas

A Bíblia fala da fé que é suficientemente forte para mover montanhas. E haja força! Jesus diz em Mateus 21.21,22: "Em verdade vos digo que, se tiverdes fé e não duvidardes, não só fareis o que foi feito à figueira [que ele tinha acabado de amaldiçoar e secara], mas até, se a este monte disserdes:

Ergue-te e precipita-te no mar, assim será feito. E tudo o que pedirdes na oração, crendo, o recebereis". É um pensamento muito louco. Não sei quanto a você, mas há algumas montanhas que eu gostaria de mover. Eu gostava de praticar *snowboarding*. Acho que uma das primeiras coisas que eu faria com esse tipo de fé seria mover a maior montanha da Austrália (2.228 metros) para a França, e também mover os Alpes franceses para cá na Austrália. Mas não sei se é isso o que Jesus queria dizer.

O que Ele quis dizer é que todos nós encontraremos problemas que se tornarão como montanhas na vida. Talvez você pense nas montanhas que estão bem na sua frente. Talvez suas montanhas ou seus 31 reis tenham nomes como "dívida", "casamento desfeito", "depressão" ou "câncer".

Às vezes, nossos problemas parecem uma montanha que cobre todo para-brisa de nosso carro, obstruindo a visão e bloqueando a visualização do caminho à frente. O único remédio, a rota para atravessar o desfiladeiro rochoso, para fazer a última curva e ver a montanha recuar no espelho retrovisor é agarrar-se à Palavra de Deus e permanecer forte na fé. Essas "jornadas nas montanhas" são próprias para os testemunhos. O que antes estava diante de você, uma montanha incrivelmente grande, rochosa, escorregadia e ameaçadora, moveu-se, e agora está atrás de você pelo poder que há no nome de Jesus.

Em mais de trinta anos de ministério, encarei montanhas de extrema gravidade, muitas delas mencionadas anteriormente neste livro. Já fui alvo de pesadas críticas da imprensa, sofri decepções com pessoas, tive uma crise de confiança, enfrentei desafios familiares e dificuldades financeiras. Assim como Josué, acredito que é quando tem terra ou território em jogo, a fé vem com uma luta. Se você estiver enfrentando uma montanha, anime-se. Se você estiver ganhando terreno, o diabo estará perdendo, e as forças das trevas que acusam contra as promessas de Deus, odeiam perder território. Fé é a resposta, e a fé robusta e pronta é a chave. Pois a única maneira de vencer 31 reis é vencendo um de cada vez.

Robusta e Pronta

Para que a fé aguente durante o longo percurso e em meio a contratempos e desafios, temos de exercitá-la e fortalecê-la. O tipo de fé necessária para suportar os mais duros golpes da vida tem de ser forte, musculosa, robusta e resiliente. A palavra *robusta* significa "forte e saudável; resistente e vigorosa". Assim que tomamos a decisão de seguir Jesus e viver a vida cristã, negligenciamos a necessidade permanente de exercitar e praticar o que cremos. Mas nossos músculos espirituais são muito parecidos com os músculos físicos, os quais precisam de desenvolvimento para regularmente crescer e permanecer fortes e saudáveis.

Sem exercício físico regular, os músculos atrofiam, encolhem-se e enfraquecem-se até não funcionarem corretamente. Se não exercitarmos a fé diariamente, ela se tornará fraca, flácida e incapaz de resistir às provações e tentações que inevitavelmente enfrentaremos. As pessoas que fortalecem a fé e crescem no amor e confiança em Deus sabem que precisamos ter o foco certo. Elas sabem que temos de manter a fé em Jesus, e não em outras pessoas, ou nos bens materiais, ou mesmo na igreja.

Fundamentada em sua relação com Cristo, a fé aumenta ao longo do tempo com cada novo desafio, batalha ou obstáculo que você enfrenta. Você aprende a confiar em Deus acima do que você pode ver, sentir, conhecer ou imaginar. Especialmente quando o impensável acontece, você tem de confiar em Deus para prover algo igualmente inimaginável, algo maior do que você pode ver segundo sua perspectiva atual.

Por que seríamos chamados de vencedores se não houvesse nada para vencer? Nunca seríamos chamados mais do que vencedores se não houvesse nada para vencer. Se a vida não tivesse obstáculos ou desafios, a fé não teria efeito. Não desanime quando encontrar dificuldades. As Escrituras Sagradas dizem que o poder de Deus se aperfeiçoa na nossa fraqueza (veja 2Co 12.9) e que nossa fé será provada pelo fogo (veja 1Pe 1.7).

A Fé Persistente de uma Nação

Quando Joel, meu filho mais velho, completou 21 anos, tomei a decisão impulsiva de passarmos alguns dias juntos em Nova York. Nosso relacionamento sofria pelas pressões de um pai ocupado e um filho que entrava na idade adulta e procurava descobrir quem ele era e para que estava vivendo. Já estávamos indo para Nova Jersey como parte de uma excursão de adoração da Hillsong, organizei para o Joel e eu ficarmos em Nova York alguns dias a mais para apreciar a cidade e assistir algumas partidas do US Open de tênis – um dos sonhos que eu queria realizar antes de morrer. Foi uma viagem maravilhosa. Tivemos uma incrível noite de adoração na igreja em Nova Jersey, onde o idoso pastor, que estava prestes a aposentar-se, viu uma profecia realizar-se. Ele acreditava que, antes do término do seu pastoreio, ele veria o santuário cheio. Naquela noite, não só o santuário estava superlotado, mas também o ginásio de esportes estava apinhado de pessoas, além de centenas de outras mais que assistiram por uma tela gigante ao ar livre. Tarde da noite, ainda estávamos todos agitados e decidimos ir a Manhattan para comer algo. Então, como fazem os turistas, fomos ao centro da Times Square. Grande parte de nossa equipe nunca havia estado nos Estados Unidos, muito menos na Big Apple. Claro que olhavam tudo de olhos arregalados, extremamente maravilhados, como você pode imaginar.

Estávamos na Broadway e, olhando em direção ao centro, víamos as torres gêmeas do World Trade Center em pé, magnificamente mais altas que os outros edifícios à distância. Era setembro de 2001.

No dia seguinte, a equipe viajou para visitar a Igreja Lakewood, em Houston, Texas, e Joel e eu ficamos "perdidos" em Manhattan por mais uns dias. Como era de se esperar, assistimos à semifinal masculina do US Open. Sentados em lugares muito altos, podíamos ver por trás das arquibancadas o majestoso horizonte de Nova York a quilômetros, até do outro lado do rio East. Naquela tarde, conversamos especificamente sobre a maravilha desses edifícios mundialmente famosos, e cheguei a dizer a Joel que, certa vez, um pequeno avião voou em direção ao Empire State Building! Depois, falamos sobre as atrocidades do tiroteio na escola Columbine, no Colorado, e o suposto plano dos atiradores de roubar um pequeno avião e chocá-lo contra o World Trade Center. Tanta tragédia no mundo, e completamente alheios ao que estava logo à frente.

Apreciamos as demais partidas. Lleyton Hewitt, um australiano, venceu Pete Sampras nas finais masculinas. Então, tomamos um avião para Houston e depois para Atlanta. Foi em Atlanta, apenas dois dias depois, que Joel e eu nos sentamos em nosso quarto de hotel e assistimos, incrédulos, o impensável tornar-se realidade. A destruição terrível expandiu-se no centro de Manhattan e no Pentágono. Nossos corações ficaram arrasados, e nossas orações se juntaram às de muitos milhões de pessoas em todo o país e mundo.

Na semana seguinte, com todos os aviões proibidos de decolar, ficamos efetivamente presos nos Estados Unidos, mas não havia melhor lugar para estar. Foi então que o meu amor pela América e seu povo lançou raízes ainda mais profundas. Foi então que testemunhei tantos momentos fortes de unidade, sacrifício e amor que exemplificam o coração de Deus no meio do caos. Tantos americanos encontraram meios de reunir e expressar seu amor uns pelos outros e também apoio por seu país corajoso.

Nunca esquecerei a enorme quantidade de bandeiras ao vento e o espírito de patriotismo tão evidente em todos os lugares. Nunca esquecerei a generosidade e hospitalidade do pastor Jentezen Franklin e sua esposa Cherise, nossos anfitriões na Geórgia, que ficaram presos com mais de 20 australianos incapazes de tomar um avião para o nosso próximo destino. Foi um sentimento surreal não haver aviões voando e só um número reduzido de empresas abertas.

Por fim, conseguimos alugar um ônibus para continuar nossa excursão, só que não era um ônibus de turismo que nossas equipes de música estão acostumadas a usar – construído para músicos e bandas viajarem entre estados e entre cidades. Era um ônibus escolar regular com bancos inteiriços feitos para crianças e sem nenhum dos confortos de casa. Passamos dezessete horas naquele ônibus, durante a noite, tentando dormir na posição vertical e chegar a Saint Joseph, Missouri, prontos para nossa próxima noite de adoração.

Naquele fim de semana, tivemos o privilégio de estar no Arizona para os cultos de domingo na Primeira Assembleia de Phoenix. Estando ao lado do pastor Tommy Barnett naquele dia, senti lágrimas escorrendo pelo rosto enquanto a congregação cantava o hino nacional americano: "América, América, Deus derramou sua graça em ti". Nunca vi ou senti tanta paixão e patriotismo como senti naquele culto e ao longo daquela semana.

Hoje, Joel e sua família vivem em Manhattan. Ele é co-pastor e parte da equipe na congregação da Igreja Hillsong que implantamos em Nova York, a alguns quarteirões do Marco Zero e do Memorial 11 de Setembro. Ironicamente, o amor de Joel pela grande cidade foi deflagrada pela nossa viagem de pai e filho em 2001. Tanta coisa mudou nos Estados Unidos e no mundo desde aquele terrível acontecimento, porém minha experiência em primeira mão da maneira como a nação levantou-se e corajosamente uniu-se foi excelente exemplo coletivo de fé robusta, muscular e valorosa. Não foi poderio militar, e sim coragem sob fogo. É assim que acredito que devemos nos empenhar em nossa caminhada pessoal com o Pai celestial.

As vezes coisas terríveis acontecem: tsunamis, terremotos, ataques terroristas, conflitos militares, epidemias, desastres. Mas não importa quão devastadoras sejam, nós ainda temos esperança. A esperança que temos é âncora para a alma – viva, vibrante e dinâmica –, trazendo alegria para os que choram e paz para os que lutam.

Pela fé, vencemos reinos, alcançamos promessas, movemos montanhas e fechamos a boca de leões. Pela fé, entramos na vontade de Deus para nossa vida aqui e na eternidade. Busque o seu destino dado por Deus com fé. Enfrente as montanhas intransponíveis e os "reis" poderosos com fé.

O rei Davi, que enfrentou inúmeros desafios, mas vivia pela fé, afirmou no final da vida: "Fui moço e agora sou velho; mas nunca vi desamparado o justo" (Sl 37.25).

Fechando a Boca do Leão

A fim de fortalecer a fé para que se torne robusta e musculosa, para que abra a porta do futuro glorioso de Deus, você tem de enfrentar o inimigo. Ou, como está descrito em Hebreus, fechar a boca dos leões (veja Hb 11.33). A frase refere-se à história de Daniel na cova dos leões, mas não é por acaso que encontramos o diabo comparado ao mesmo animal. "Sede sóbrios, vigiai, porque o diabo, vosso adversário, anda em derredor, bramando como leão, buscando a quem possa tragar" (veja 1Pe 5.8). O inimigo está lá fora para nos consumir, nos tentar e nos afastar de Deus.

Quer você esteja fechando literalmente a boca de um leão, como Daniel, ou engajado numa guerra espiritual, ambas as situações requerem uma fé forte e musculosa. Ambas exigem escolhas deliberadas de sua parte. Uma das melhores decisões que você pode tomar e que mais fortalecem a fé quando se trata do tentador é não deixar que ele tenha um ponto de apoio em sua vida. Quais são as áreas em que o diabo pode devorar suas energias e sugar sua fé? Lembre-se, ele é um inimigo derrotado e está vivendo de tempo emprestado. Pensamos que ele quer dar enormes mordidas em nossa vida, e, às vezes, ele tenta, mas acho que são as pequenas mordidelas a cada dia que fazem desmoronar nossa fé.

O que o inimigo está tentando roubar de você para impedir o seu relacionamento com Deus? Como é que o diabo distrai você com muitos rugidos e dentes grandes? Onde é que você precisa tomar posição e fechar a boca do leão?

Penso que, algumas vezes, gastamos muito tempo fugindo do diabo, quando precisamos mesmo é defender o nosso território. A Bíblia não nos ensina a fugir do inimigo. Ensina-nos a nos aproximar de Deus, resistir ao diabo, para que ele fuja de nós. Não precisamos nos preocupar em fugir do diabo e se esconder dele. Precisamos nos concentrar em nos aproximar de Deus e seu propósito para nossa vida. É assim que resistimos melhor ao diabo. Quando ele vê que estamos nos aproximando cada vez mais de Deus, quando ele observa que os músculos da nossa fé estão cada vez mais fortes, ele é forçado a aceitar a derrota.

O futuro glorioso que Deus tem para você é muito importante e muito valioso para deixar o inimigo roubar. O diabo é nada, senão enganador, e ele anda por aí como um leão que ruge, fazendo muito barulho e sendo assustador. Mas quando fugimos, acabamos indo direto para as armadilhas que ele armou para nós. Alguém me contou que, quando ouvimos o rugido de leão na selva, não é o momento de maior perigo para nós. Os machos com as jubas enormes e mandíbulas ferozes escolhem um local e soltam o tremendo rugido. A presa, então, corre para o outro lado, onde uma leoa, companheira do velho leão, está calmamente à espera.

Não é do que estamos fugindo que detém poder sobre nós. É o ato de fugir que nos afasta para longe de Deus. Ficamos focados no medo, em vez de permanecermos firmes na fé e confiarmos em Deus para nos ajudar a sobrepujar as armadilhas do inimigo. Você tem de ter o tipo de fé musculosa para enfrentar o diabo. Como? Aproximando-se de Deus.

Uma das melhores maneiras de nos aproximarmos de Deus é pelo poder da adoração. A adoração não é apenas canções bonitas. A adoração está centrada em quem Deus é. Está focada na grandeza do Senhor.

É quando cantamos, magnificamos e glorificamos a Deus e seu caráter. Se Ele estiver se tornando maior no nosso foco e em nosso coração, então nossos problemas não terão espaço para crescer. O diabo perde terreno para plantar suas dúvidas, medos e armadilhas. Deus recebe a glória, e temos o tipo de fé forte e robusta que derrota o diabo.

Não vivemos a vida com medo do diabo porque Jesus nos deu a vitória de uma vez por todas. Jesus nos fez a promessa de graça, perdão e vida eterna, abrindo um futuro glorioso para nossa vida. Já não estamos mais aprisionados na armadilha dos pecados do passado, dos erros e das dores que o inimigo usa para nos desarmar. Podemos derrotar suas tentativas de medo e intimidação, de suas mentiras sobre quem somos e sobre quem Deus é. Somos filhos do Rei e podemos reivindicar as promessas do Pai. Assim como Josué na Terra Prometida, ainda teremos de lutar as batalhas; porém, a vitória já é nossa.

Seu futuro glorioso está seguro!

CAPÍTULO DEZESSETE

Senhor meu e Deus meu

I love You Lord, I worship You
Hope which was lost, now stands renewed.
I give my life to honor this
The love of Christ, the Saviour King.
Eu te amo, Senhor, eu te adoro
A esperança que se perdeu, agora se renova.
Dou minha vida para honrar isso
O amor de Cristo, o Rei Salvador.
— ***"Saviour King", Hillsong Music, 2007***

Bobbie é a melhor esquiadora da família, mas talvez seja porque os demais da família prefiram surfar na neve com uma prancha (fazer *snowboard*). É o que nós, jovens, fazemos. Posso ser o praticante de *snowboard* mais velho e mais lento na montanha, mas nossos meninos compensam minha falta com suas proezas. Inicialmente, comecei a praticar *snowboard* com a intenção nobre, porém ingênua, de passar mais tempo de qualidade com eles. Mas depois de um tombo feio que terminou em cirurgia para mim, com placas e parafusos inseridos no cotovelo, ficou claro que, talvez, houvesse maneiras mais fáceis de passar um tempo gratificante com meus filhos adultos. Entretanto, consegui uma coisa para a família através de meus esforços em praticar *snowboard*: Minhas aventuras são alvo de horas de histórias engraçadas de família, acompanhados de grande alegria e riso ao redor da mesa de jantar Houston – não era bem o que eu tinha em mente.

Em certa ocasião, nossos meninos atraíram Bobbie e eu para tomar o teleférico e subir uma montanha particularmente elevada. Quando nos alinhamos no topo da montanha, Bobbie estava claramente insegura, mas nossos filhos foram muito persuasivos, e nos unimos no compromisso de encarar o que quer que houvesse pela frente. Partimos juntos, mas após descer centenas de metros na primeira ladeira relativamente fácil, tudo começou a mudar. O símbolo de losangos negros nas placas de sinalização era indicativo de caminho perigoso pela frente.

Já era tarde demais para voltar ao teleférico. Não havia escolha, senão continuar resoluto para a incerteza que nos aguardava. Não demorou muito para estarmos na borda de um verdadeiro penhasco com a enorme queda de tirar o fôlego. Não foi nada difícil para os meninos, que, em um momento, desceram e desapareceram pelo limite da vegetação arbórea, onde normalmente era o caminho. De alguma forma, eu também milagrosamente consegui achar meu caminho para descer, transpondo os perigos e indo para um terreno mais seguro.

Infelizmente, para Bobbie, o cavalheirismo não estava na ordem do dia. Ela foi deixada na beira do penhasco para cuidar de si mesma, enquanto todos os homens de sua vida estavam muito longe. Ela ficou literalmente grudada à parede da montanha coberta de neve, sabendo que não tinha para onde ir, exceto para baixo! Vendo sua hesitação e compreendendo seu medo, um gentil cavalheiro parou ao seu lado, deu uma olhada para o precipício e disse:

— Senhora, você só tem de se entregar para a montanha.

E foi exatamente o que ela fez. No fim das contas, minha valente esposa desceu até à base da montanha saudável e intacta, com uma história para contar.

Quando você se sente encurralado pela vida, cercado por circunstâncias menos que ideais, você tem de fazer a mesma coisa e entregar-se para a montanha. Você tem de dar esse salto de fé, crendo que Deus o guiará e o fará passar pelas tribulações e tentações que você está enfrentando. Muitas coisas na vida são semelhantes a saltar de esqui pela borda de um precipício íngreme, quando não dá para ver o caminho para descer. Não há como voltar e não há como ir para frente. Você se sente preso e com medo, a ponto de perder a esperança. São esses os momentos nos quais você tem de exercitar a fé como nunca antes, entrando no futuro glorioso que Deus tem para você, mesmo que você não consiga ver o que está à frente. Há momentos na vida em que você só tem de entregar-se para a montanha.

Dúvidas e Decepções

Seguir Jesus na grande aventura de uma vida cheia de fé exige assumir riscos. Nunca é fácil manter os olhos nEle quando Ele o chama para andar sobre as águas, para o grande desconhecido, onde os pés podem afundar como os de Pedro. Medos e dúvidas o atacam, gritando todas as razões pelas quais você não pode ou não deve fazer o que Deus chama você para fazer. Por mais assustador que pareça, você tem de querer continuar indo, sendo fiel nas pequenas coisas, enquanto pede a Deus força, coragem e recursos para dar o próximo passo.

Esses momentos escuros da vida, nos quais a incerteza do futuro aterroriza você, exigem um tipo de fé mais profunda e mais corajosa. São esses os momentos em que Deus pede a você que não só confie nEle, mas também entregue todas as áreas da vida para Ele. Presumimos automaticamente que conhecer a Deus é o mesmo que torná-lo Senhor de nossa vida. Mas estou convencido, sobretudo quando enfrentamos as encruzilhadas e becos da vida, que temos de nos entregar a Deus como nosso Senhor. Nada nos abre mais a porta para o nosso futuro glorioso do que ter uma revelação pessoal do senhorio de Jesus sobre a nossa vida. Vemos esse tipo de revelação em determinado discípulo de Jesus, um homem que queria crer, mas precisava de uma prova concreta para reforçar a fé: Tomé. Observe o motivo das dúvidas de Tomé e como elas o levaram a ter a revelação especial e mui original do Cristo ressurreto.

> "Ora, Tomé, um dos doze, chamado Dídimo, não estava com eles quando veio Jesus. Disseram-lhe, pois, os outros discípulos: Vimos o Senhor. Mas ele disse-lhes: Se eu não vir o sinal dos cravos em suas mãos, e não puser o dedo no lugar dos cravos, e não puser a minha mão no seu lado, de maneira nenhuma o crerei.
> E, oito dias depois, estavam outra vez os seus discípulos dentro, e, com eles, Tomé. Chegou Jesus, estando as portas fechadas, e apresentou-se no meio, e disse: Paz seja convosco! Depois, disse a Tomé: Põe aqui o teu dedo e vê as minhas mãos; chega a tua mão e põe-na no meu lado; não sejas incrédulo, mas crente. Tomé respondeu e disse-lhe: Senhor meu, e Deus meu! Disse-lhe Jesus: Porque me viste, Tomé, creste; bem-aventurados os que não viram e creram!" (Jo 20.24-29).

Como Tomé descobriu, a vida tem desapontamentos, e, se há ocasião em que o senhorio de Jesus Cristo será testado em nossa vida, é quando estamos diante de um desapontamento. É uma palavra interessante, *desapontamento*. Com o prefixo des-, que significa "ir em direção oposta", acrescentado a *apontamento* (no sentido de designar, nomear), a palavra captura o sentimento de termos perdido algo que achamos que deveria ter acontecido. Talvez, até mesmo uma circunstância que o tirou da rota do seu apontamento dado por Deus. Um apontamento falho. Um apontamento perdido.

Mas Deus não nos desaponta. Nossas percepções e expectativas limitadas nos desapontam. Não, não é Ele que nos desaponta; é Ele que nos aponta para um futuro glorioso. Ele tem um plano designado para a sua vida, um propósito para o seu tempo aqui na terra. A diferença entre nosso desapontamento pessoal e nossa designação dada por Deus pode ser grande, e é nessa lacuna que vemos o relacionamento de Tomé com Jesus sendo testado. Como seguidor de Cristo, ele ouvira o Mestre falar todas as palavras que conhecemos e outras que não conhecemos. Tomé testemunhara milagres, curas, transformações e encontros impactantes. De repente, tudo desceu morro abaixo – os poderosos perseguidores, a prisão de Jesus, sua crucificação e enterro. Parecia mais um sonho lindo que, subitamente, evaporou-se na cruel luz do dia.

Agora, há um boato circulando que diz que o corpo de Jesus não está no túmulo, que Ele ressuscitou. Tomé, porém, como os outros discípulos, deve ter se sentido suspenso no espaço entre o desapontamento humano e a designação divina. Não há nada como a decepção e a desorientação para revelar até que ponto estamos firmemente ligados ao senhorio de Cristo, à designação de Deus, e entregando cada parte de nossa vida a Ele.

Amor e Libertação

O senhorio se perde quando a vulnerabilidade se aproxima de você. Antes de julgar este discípulo e rotulá-lo de "Tomé duvidoso", penso que podemos honestamente apreciar o seu desejo de ter prova, certeza e estabilidade restaurada em sua vida. Os discípulos estavam se sentindo incrivelmente vulneráveis. Já era noite, e a escuridão espelhava sua confusão e incerteza. Sentindo-se expostos e desprotegidos, retiraram-se para a pequena sala no andar de cima de um lugar que presumiam ser seguro. Em todo caso, eles trancaram as portas e passaram a discutir a situação e também o que alguns deles haviam testemunhado.

De repente, Jesus apareceu, pôs-se no meio deles e disse-lhes: "Paz seja convosco" – mesmo as portas estando trancadas! É o que o medo faz: tranca-nos dentro de nós mesmos, apavora-nos para não nos envolver no mundo e continuar no caminho que o Senhor nos colocou. Procuramos um refúgio, levantamos paredes, fechamos as cortinas e fechamo-nos, esperando a tempestade passar ou então descobrimos uma solução para os problemas. O futuro nos ameaça, não glorioso, pois não sabemos como acabar com a dor que sentimos e nem passar pela turbulência que ferventa ao nosso redor.

Assim como Jesus apareceu na sala trancada dos discípulos e desejou-lhes paz, sabemos também que Ele traz a todos nós essa paz. Gosto do fato de Jesus não só reconhecer as dúvidas e medos dos discípulos, mas também optar por aparecer no meio deles. Deus aparece e nos surpreende com algo que parece impossível. Tomé queria que Jesus o deixasse tocar nas feridas das mãos de Jesus e pôr a mão no lado de Jesus. Se ele pudesse ter esse tipo de certeza, então, e só então, ele estaria disposto a crer que Jesus estava verdadeiramente vivo.

Jesus deu-lhe o que pediu, distinguindo Tomé do grupo para que ele experimentasse de perto e fizesse pessoalmente a prova que ele exigira tão ceticamente. Posso imaginar o sorriso amável no rosto de Jesus enquanto acenava para Tomé ir em frente, compreendendo sua humanidade naquele momento e sentindo compaixão pelo amigo, levando em conta as circunstâncias desconhecidas que ele estava enfrentando.

Tome, no entanto, não precisou colocar o dedo nos furos dos cravos nas palmas das mãos de Jesus ou tocar na cicatriz no seu lado. Imediatamente, disse: "Senhor meu, e Deus meu!". Não nos é informado, mas imagino Tomé caindo de joelhos aos pés de Jesus, sentindo uma enxurrada de emoções misturadas: vergonha por não crer, alegria ao perceber que seu Mestre estava vivo e entusiasmo acerca das implicações de sua revelação pessoal do Cristo ressurreto.

É importante notar também a forma como Tomé proclamou Jesus como Senhor e Deus. Não foi apenas uma confissão de que sim, somente o Filho de Deus poderia ter saído do túmulo, mas também uma rendição total e completa a esse Deus. Foi algo poderoso quando ele disse: "Senhor meu, e Deus meu!", porque ele teve uma revelação de Jesus como se nunca tivesse tido até aquele momento. O Tomé duvidoso tornou-se o Tomé declarante. Sua dúvida e desapontamento transformaram-se em unção e designação de Deus. De súbito, em vez de ter uma mente cheia de dúvidas, Tomé teve um coração cheio de confiança, podendo declarar: "Senhor meu, e Deus meu!".

O senhorio pessoal pode ser difícil de entender e aplicar na vida, por ser tão grande e abrangente. É fácil pensar nEle como o Senhor da criação ou o Senhor da salvação. Podemos aceitar que Ele é o Senhor sobre o céu e a terra, eterno e ilimitado. Mas quando aplicamos seu senhorio à vida diária, de repente custa-nos algo. Já não podemos continuar a viver da mesma maneira que vivíamos antes, duvidando, questionando, sentindo medo e empacados. O senhorio nos liberta para vivermos plenamente, nos relacionarmos pessoalmente e darmos o próximo passo na jornada com Cristo.

Aplicar seu senhorio a todas as áreas é assustador e desafiador. Sim, Ele é o Senhor da sua vida agora, mas isso tem de incluir tudo? Ele é o Senhor de suas finanças? Ele é o Senhor de seus relacionamentos? Ele é o Senhor quando você está namorando? Ele é o Senhor da sua sexualidade? Ele é o Senhor de suas prioridades? Ele é o Senhor de sua carreira profissional? Ele é o Senhor da maneira como você age com seu chefe e colegas de trabalho? Ele é o Senhor em todas as outras partes da vida? Apenas quando entregamos plenamente tudo o que somos, tudo o que temos e tudo o que esperamos é que entenderemos verdadeira e genuinamente o amor e a libertação que vem de ter Jesus como Senhor.

Comparações e Convicções

As revelações pessoais do Cristo vivo não podem ser inventadas ou falsificadas. Acredito que, se sinceramente buscarmos a Deus e nos aproximarmos dEle, Ele se aproximará de nós, como diz o livro de Tiago. Na vida, quando estamos passando por uma fase difícil, sentimos como se todos estivessem lidando com a vida de maneira mais cristã do que nós. Parece que os outros estão ficando mais perto de Deus, crescendo na fé e alegres com o poder do Espírito Santo alimentando suas vidas maravilhosas e espaçosas.

Nós, pastores e líderes, que deveríamos saber das coisas, por vezes somos tentados a comparar o momento do nosso ministério com outros ao redor do mundo. Vemos a maneira como Deus está abençoando os outros em seu ministério e aumentando sua influência em prol do Reino, e nos perguntamos por que ainda não estamos experimentando esse tipo de favor. Pode ser que não invejemos nossos amigos e colegas ministeriais, mas paramos e ficamos imaginando quando nossa hora chegará para termos nossa própria revelação exclusiva do poder de Deus em nosso meio. Assim como um menino ciumento que vê o pai recompensar a irmã, as pessoas me perguntam se estão perdendo o que todos parecem estar aproveitando. E é nesses momentos que devemos permanecer fiéis e continuar a fazer o que Deus nos chamou para fazer.

Uma das coisas que posso honestamente dizer sobre Bobbie e eu é: Sempre procuramos viver a vida com autenticidade e nos comprometer com os princípios que ensinamos aos outros em nosso casamento e na vida a dois, pouco importando o que esteja acontecendo ao redor. Claro que cometemos erros ao longo do caminho, mas desde os primeiros dias de casamento, assumimos o compromisso de colocar Deus em primeiro lugar em nossas finanças, relacionamentos, palavras, ações, liderança – tudo. Não tendo muito na época em que assumimos esse compromisso, não percebemos a tensão que colocar Deus em primeiro lugar causa às vezes. Todavia, aprecio o fato de me levantar hoje como pastor e olhar todos nos olhos, sejam eles visitantes de primeira viagem, jornalistas curiosos, amigos de longa data e familiares, e afirmar que temos nos esforçado para viver em nossa vida tudo o que ensinamos na Igreja Hillsong.

Quando meu filho Ben tinha dezessete ou dezoito anos, ele terminou o ensino médio – ou o "ano doze", como dizemos aqui na Austrália. Enquanto os países do hemisfério norte têm férias no meio da primavera como época tradicional para os jovens comemorarem, festejarem e passarem as férias juntos, temos o que é chamado de "schoolies*". Assim como as férias de primavera, esse período faz o medo surgir no coração

* **N. do T.:** Schoolies refere-se à tradição australiana dos formados do ensino médio terem férias de uma semana após o final das provas finais em fins de novembro e início de dezembro.

de muitos pais. Muitos adolescentes vão à loucura e metem-se em todo tipo de problemas durante a semana dos *schoolies.* Alguns problemas são bastante inofensivos, ao passo que muitos são excessivos, perigosos e até mortais.

Nosso Ben era como qualquer outro adolescente naquela época de sua vida. Ele amava ao Senhor, bem como sua família e seus amigos. Ele amava Wildlife, nosso ministério de jovens do ensino médio, além de outras atividades que mencionei, como praticar *wakeboard* e surfar. Ben amava também seus amigos de escola e amigos sem igreja, e mesmo em fase de amadurecimento, seu coração pastoral e cuidado gentil pelas pessoas eram muito evidentes. No entanto, ele também era jovem e impressionável, e claramente se sentia levado pelos amigos para fazer coisas não-cristãs, que representavam padrões diferentes pelos quais Bobbie e eu tínhamos orado e crido para os nossos filhos. Nessa época, quando as provas finais terminaram e o fim dos anos do ensino médio se aproximava, a tragédia se abateu.

Certa noite de verão, Ben foi com os amigos para uma festa da escola e concordara em ser o motorista, dirigindo o meu carro, o que, por sinal, sempre aumenta a vida de oração de um pai. A festa comemorava o término das aulas, e dezenas de jovens estavam presentes. Mais tarde, naquela noite, quando estavam deixando a festa, Ben e seus companheiros saíram da casa, sem dúvida, fazendo muito barulho, assim como os adolescentes fazem, com muita farra e risada, enquanto iam para o carro. A festa acabara, e os jovens se espalharam pela rua, quando a conversa se voltou para disputas sobre quem ia sentar onde.

De repente, do nada, surgiu um carro com os faróis desligados. Pelo que entendi, sem dar a perceber, o carro virou na direção dos festeiros e foi direto para um dos rapazes que estava com Ben, jogando-o no ar e batendo-o no meio-fio. A cabeça arrebentou pelo impacto. Milagrosamente, ele sobreviveu, porém sofreu terríveis ferimentos na cabeça com sérias sequelas permanentes, algo que você jamais desejaria que alguém experimentasse ou testemunhasse. Foi uma realidade horrível para todos os envolvidos, afetando Ben muito fortemente, resultando em pesadelos recorrentes.

De alguma forma, pela graça de Deus, este acidente tornou-se o catalisador para Ben pensar seriamente sobre a vida e reconsiderar suas prioridades. Com todas essas coisas pesando fortemente dentro dele, e em face de um período um tanto quanto assustador de transição entre a escola de ensino médio e o futuro desconhecido, Ben tomou a decisão de participar de um acampamento de verão com nosso grupo de jovens poucas semanas depois. Assim como tantos jovens naquele ano no acampamento, Ben teve sua própria revelação pessoal de Jesus, uma experiência que definiu e literalmente transformou sua vida.

É o que todos os pais esperam quando enviam os filhos para um acampamento de igreja. É por isso que, até hoje, gostamos de oferecer e apoiar acampamentos de verão para jovens. Misturados com "desafios tribas" e aventuras malucas, os jovens encontram Deus de modo radical. O acampamento acende um fogo dentro deles que muda os jovens para sempre e os lança para o futuro glorioso que Deus tem preparado para eles.

Rendição Completa

Assim como Tomé, Ben teve um encontro que o levou a proclamar: "Senhor meu, e Deus meu!". Vimos o fruto dessa revelação imediatamente quando o quase impossível começou a acontecer. Ben adorava esportes e era bom neles; ele era bom em todo esporte em que tivesse um oponente. Quer fosse uma prancha de esqui aquático, uma prancha de *surf*, uma prancha de *snowboard* ou uma prancha de *skate*, era do seu interesse, e ele gostava muito. No entanto, quando voltou do acampamento, Ben explicou-nos que sentia em seu coração que devia abandonar todas essas atividades por doze meses. E foi exatamente o que ele fez! É quando um pai sabe que Deus existe!

Ben pôs de lado todas as suas atividades preferidas e passatempos desportivos por um ano. Ele não surfou nem andou de *skate*, porém leu a Bíblia em um ano e, então, decidiu estudar ministério e liderança na Faculdade Internacional de Liderança Hillsong. Pouco tempo depois, concordamos que lhe serviria de grande experiência ele viajar durante 12 meses e passar o tempo estagiando na Igreja Hillsong em Kiev, Igreja Hillsong em Londres e depois com amigos em Virginia Beach, na Costa Leste dos Estados Unidos. Foi um ano desafiador em muitos aspectos, longe de tudo e de todos que ele amava, inclusive de Lucille, sua jovem e atraente namorada. Entretanto, Ben voltou um jovem mudado, e ficamos admirados e muito gratos.

Nosso filho experimentara uma revelação pessoal de Deus que abriu os olhos para o seu futuro glorioso, o qual estamos vendo realizar-se agora e é melhor do que teríamos sonhado. Claro que hoje, Ben, Lucille e suas três belas filhas estão vivendo em Los Angeles, sendo pioneiros e líderes da Igreja Hillsong em Los Angeles. Contudo, foi nos dias de adolescente quando, assim como Tomé, Ben confessou: "Senhor meu, e Deus meu!", e sua vida entrou na correnteza do futuro glorioso que o Senhor tinha preparado para ele. Foi quando vimos Deus transformar o desapontamento em designação de Deus.

Oro para que em sua vida você tenha esse tipo de revelação do senhorio de Jesus que Tomé teve. É um encontro no qual você não só conhece Jesus como o Filho de Deus, seu Salvador, mas também rende-se a Ele como seu Senhor. Não é fácil, porque requer rendição permanente e completa. Você terá de ser tremendamente honesto sobre as áreas que você está protegendo e escondendo, segredos que foram trancados e encobertos.

Se você quiser seguir a Jesus e ter a plenitude de uma vida em que você viva, ame e lidere como Ele viveu, amou e liderou, então você terá de abrir mão de tudo. É hora de destrancar as portas fechadas e abrir as cortinas. Envolva-se nas aulas do desapontamento e permita que a chuva restauradora da designação dada por Deus traga esperança ao seu coração. Derrube os muros nas áreas da vida em que você tem medo de permitir que Jesus seja o Senhor, e deixe-o entrar na sua mágoa, dúvida e medo do futuro.

Assim como Bobbie teve de fazer quando esquiava, você tem de entregar-se para a montanha e dar o próximo passo, confiando em Deus com cada partícula do seu ser, sabendo que Ele é seu Pai amoroso e tem no coração as melhores intenções para com você. Não basta reconhecer que Ele é um Deus onipotente e onisciente. Adote os encontros pessoais que você tem tido com Ele ao longo dos anos. Se você ainda não teve a revelação pessoal do Jesus vivo, peça a Deus que o leve para um lugar de entrega e confiança. Ele é sempre fiel para cumprir o que prometeu e, como Tomé, você passará de "não posso crer" para "Senhor meu, e Deus meu!".

CAPÍTULO DEZOITO

Mão e Coração

Lord I give You my heart,
I give You my soul.
I live for You alone.
Every breath that I take,
every moment I'm awake.
Lord, have Your way in me.
Senhor, eu te dou meu coração,
eu te dou minha alma.
Eu vivo só para ti.
A cada respiração que dou,
em cada momento que estou acordado.
Senhor, faze o que quiseres comigo.
— "I Give You My Heart", Hillsong Music, 1996

Há mais de 7 bilhões de pessoas na terra hoje, e ousaria supor que a grande maioria pelo menos já ouviu o nome Bono. Um dos músicos e poetas mais influentes de nossa geração, seu distintivo som e musicalidade conquistou o mundo. O U2, o fenômeno musical irlandês, é considerado uma das bandas mais ativas do ponto de vista político e ambiental desta época, e suas músicas e canções enchem estádios em excursões com bilheteria esgotada, ano após ano. Bono é o líder da banda reconhecível e discreto. É incrivelmente talentoso, e quando escreve, canta e toca, está claramente fazendo o que foi criado para fazer. Quando está no palco em um concerto aglomerado de pessoas, está cumprindo a sua chamada, enquanto maximiza suas aptidões e utiliza seus talentos.

É óbvio que Bono tem vivido com coisas muito mais importantes que tomam conta do seu coração. Sua paixão pelos pobres, desfavorecidos e injustiçados, a ênfase na integridade política e a zanga contra a terrível carência em que muitos países do mundo estão, diferenciam-no de outros artistas.

Hoje, a influência de Bono o posiciona à mesa entre os mais poderosos reis e presidentes do mundo. É quando ele usa essa influência pela causa do fim da pobreza no mundo, a favor dos desesperados e pouco instruídos nos países mais necessitados desta geração.

Alguns ressaltam que sua música é secular e, de fato, é. Mas ele próprio é um homem de fé forte que faz o que Deus o dotou para fazer. Ele usa o que está à mão, ou seja, a musicalidade e vocação trabalhadas pelo dom e talento, para cumprir o que está em seu coração, o seu destino e propósito.

Em um capítulo anterior, falamos sobre 2 Timóteo 1.9: você é salvo, chamado e agraciado *para um propósito. Tudo* diz respeito ao seu propósito. Seus dons e talentos, tempo e forças, vida e saúde, finanças e recursos, casamento e família, prioridades e foco dizem respeito ao seu propósito. Não só tudo diz respeito ao seu propósito específico e personalizado para você, mas também diz respeito ao seu propósito coletivo para toda a criação.

Eclesiastes 3.11, na Bíblia Amplificada, diz: "Tudo ele fez formoso em seu tempo. Plantou também a eternidade no coração e na mente dos homens [uma sensação divinamente implantada de propósito trabalhando através dos tempos que nada sob o sol, exceto Deus pode satisfazer]". * Você foi criado, dotado e agraciado para o propósito eterno de Deus, um propósito divinamente implantado. Assim sendo, qual é o seu propósito?

Perdido e Encontrado

Assim como discutido na Parte 1, Uma Vida Maravilhosa, Deus dá a cada um de nós dons e vocações únicos, bem como a graça para cumpri-los. Invariavelmente, em algum momento da vida, a maioria de nós

* **N. do T.**: Conforme tradução da Amplified Bible (AMP): "He has made everything beautiful in its time. He also has planted eternity in men's hearts and minds [a divinely implanted sense of a purpose working through the ages which nothing under the sun but God alone can satisfy]", usada no original pelo autor.

terá dificuldade em entender a nossa chamada e propósito diferenciado. Não sei quanto a você, mas houve momentos em que tentei ser algo que não sou e sempre me meti em problemas. Por exemplo, há alguns anos, na noite anterior em que a Conferência Hillsong estava prestes a começar, estava eu na frente do espelho do banheiro com meu cortador de cabelo e pensei em eu mesmo fazer a barba e o cabelo. Dispensável será dizer que, após cortar minha barba de três dias, esqueci de fixar o pente e acabei cortando meu cabelo, abrindo um caminho semelhante ao que faz um cortador de grama em um gramado alto. Tive de rapar toda a cabeça e ficar totalmente careca, para a diversão de milhares de pessoas que se reuniram na primeira noite da Conferência Hillsong... Não, essa *não* é minha melhor aparência!

Ocasionalmente, pessoas de sucesso em sua profissão tornam-se cristãs e unem-se aos frequentadores da Igreja Hillsong. Em seguida, elas me perguntam o que Deus quer que elas façam. Uma dessas pessoas foi um atleta profissional premiado, uma celebridade internacional conhecida por seu caráter forte dentro e fora do campo de jogo. Um cristão bem-intencionado (acredito, porém, equivocado) sugerira que esse atleta deveria abandonar os esportes e doar todo o dinheiro a fim de "servir a Deus". Quando me perguntou o que Deus queria que ele fizesse com a vida, ele estava pensando em se aposentar do campo de jogo e cursar a faculdade bíblica, embora estivesse no auge de sua capacidade e carreira.

Eu via as coisas de uma maneira muito diferente! Era e continua sendo minha crença de que ele está servindo a Deus fazendo o que Deus o capacitou para fazer. Ele foi agraciado com uma habilidade monstruosa e, usando o que está à mão, neste caso, o futebol americano, ele tem uma plataforma para vivenciar sua fé vibrante em um nível de influência que muitos outros só poderiam desejar! Não havia necessidade de fazer uma mudança radical para alinhar sua vocação com seu propósito. Deus, obviamente, o criara para ser um atleta talentoso e abençoado com oportunidades que ele maximizaria para o seu sucesso. Ele ficou aliviado ao saber que havia muito que podia fazer em prol do Reino ao permanecer onde Deus o havia colocado. Semelhantemente, o meu amigo John pastoreava uma igreja numa pequena cidade na Inglaterra, até que um bilionário muito conhecido chamado Bob passou a frequentar essa igreja. Lembro-me de Bob tocando contrabaixo em um dos cultos. Ele e John tinham-se tornado bons amigos. John contou-me, com um sorriso malicioso no rosto, que um dia, Bob, o Bilionário, chegou a ele com lágrimas nos olhos e disse:

— John, eu daria qualquer coisa para fazer o que você faz.

E John, o Pastor, recordou humoristicamente que olhou diretamente para John com lágrimas nos olhos e disse:

— Bob, eu daria qualquer coisa para fazer o que você faz!

Foi uma conversa despreocupada que tive com John, mas acho que o ponto é muito comovente: passar a vida desejando ser outra pessoa é viver frustrado e desanimado, e você não poderá construir muito com essa postura. Há pessoas que são agraciadas em abrir negócios, outras em escrever música, outras em liderar pessoas, e assim por diante. Sou agraciado em ser líder (e não cabeleireiro), e outros são chamados para serem atletas profissionais. Deus não comete erros. Ele sabia exatamente o que estava fazendo e foi muito intencional quando criou você e a mim. Fique dentro da sua graça, viva nesse âmbito e incentive os outros a fazer o mesmo. É então que você encontrará uma satisfação e um senso de propósito em seu chamado todos os dias.

Você não tem de deixar de ser quem é só porque entregou sua vida a Jesus. Quando você seguir Jesus em sua aventura de fé e viver uma vida maravilhosa e espaçosa, você se tornará mais do que estava destinado a ser, e não menos. É bastante irônico que, para sermos mais do que Deus nos fez para ser, precisamos parar de tentar ser outra coisa. "Quem achar a sua vida perdê-la-á; e quem perder a sua vida por amor de mim achá-la-á" (Mt 10.39).

Perder a vida por amor de seguir a Cristo não significa perder as aptidões e talentos. Estou convencido de que não temos o direito de renunciar algo que é um verdadeiro presente de Deus. Claro que há talentos e habilidades que damos mau uso, como usar o talento da negociação em um empreendimento ilegal ou usar o dom da imaginação para fins enganosos. Esses talvez tenham de ser abandonados para Deus refinar e restaurar os talentos fundamentais que Ele colocou em você. Porém, muitas vezes, suspeito que subestimamos o que o Senhor pode usar. Frederick Buechner, escritor norte-americano, explica: "O lugar para o qual Deus chama você é o lugar onde a sua mais extrema alegria e a mais intensa necessidade do mundo se encontram". Você sabia que a palavra *chamado* significa literalmente "gritar em voz alta"? Há pessoas que estão à espera de um sussurro do céu para orientar o seu caminho, enquanto a oportunidade diante deles está gritando.

O mesmo é verdade para você. Sua chamada pode estar tocando estridentemente como uma sirene em seus ouvidos, soando um alarme que está soando por algum tempo. No que você é bom? O que lhe vem naturalmente para você? Que oportunidade está bem na sua frente? Você tem gosto pela arte? Gosta de números e ordem proporcionada? Tem prazer em trabalhar com as mãos no jardim? Tem paixão pela música? Sente-se confortável em sala de aula? Talvez você esteja esperando que uma voz suave e tranquila sussurre em seu ouvido, enquanto a sua chamada está berrando a todo volume em torno de você!

O Mestre Artesão

Falar sobre esportes deixa certas pessoas desinteressadas; mas, como você já deve ter deduzido, gosto de quase todo tipo de esporte! Tendo sido criado na Nova Zelândia, tive o sonho, como todo garoto de minha idade, de jogar no famoso time de rúgbi dos All Blacks. Os All Blacks alcançaram enorme sucesso ao longo dos anos como a seleção nacional da Nova Zelândia, cujo nome é derivado do uniforme todo preto com que jogam. Qualquer pessoa que visse meu modo de andar desengonçado e minha notória "falta de jeito" saberia que as chances que eu tinha de ser um futuro astro profissional de rúgbi eram próximas a zero (no máximo). Sorrio quando penso a respeito, pois me sinto muito bem em saber que Deus me fez com um conjunto diferente de talentos, habilidades, interesses e recursos para cumprir o chamado que Ele colocou em minha vida. Em minha infância e adolescência, nunca fui eleito a pessoa "mais provável de ter sucesso", nem nunca escolhi papéis de liderança na escola, ou no grupo de jovens, ou na igreja. Já em minha adolescência, eu tinha a paixão ardente de servir a Deus. De forma interessante, quando topei com a oportunidade de dirigir uma noite de quinta-feira de estudo bíblico e também uma reunião em casa no ministério de jovens de uma pequena igreja no sul de Auckland, algo fez soar um clique em mim. Eu havia acabado de sair da faculdade bíblica, era novato e inexperiente, mas eu cria que Deus via em mim as habilidades que o trabalho exigia. Confiava em Deus para que Ele pegasse meu interesse e preocupação natural que tenho pelas pessoas e a isso unisse meu amor por Ele e meu compromisso com a igreja.

Instintivamente, eu sabia reunir os líderes certos, e logo meu pequeno estudo bíblico começou a crescer cada vez mais até que a sala de estar ficou lotada de jovens; em seguida, o corredor, e lá fora também. Em poucos meses, a casa ficou pequena demais para conter todos os jovens espiritualmente zelosos que queriam entrar. Muitos desses jovens não tinham histórico cristão; porém, conforme os jovens traziam seus amigos e o Espírito Santo atraía seus corações para Deus, algo muito poderoso começou a acontecer.

Era evidente que eu sempre seria desajustado no campo de futebol, mas descobri que servir e fazer crescer uma igreja era algo que me era bastante natural. Contanto que eu focasse no que eu *podia* fazer, e não no que eu *gostaria* de fazer, mesmo sem poder, descobri um novo sentido de alinhamento em minha vida. Eu desenvolvia a consciência de que meu dom, chamada e propósito ajustam-se todos como se tivessem sido (e foram) desenhados por um artesão mestre.

Minha experiência não é única. Todos nós somos chamados para viver a salvação com confiança e a sensação de paz que vem quando a vida está alinhada com o propósito divino. Paulo explica desta forma: "Porque Deus não nos deu o espírito de temor, mas de fortaleza, e de amor, e de moderação. Portanto, não te envergonhes do testemunho de nosso Senhor, nem de mim, que sou prisioneiro seu; antes, participa das aflições do evangelho, segundo o poder de Deus, que nos salvou e chamou com uma santa vocação; não segundo as nossas obras, mas segundo o seu próprio propósito e graça que nos foi dada em Cristo Jesus, antes dos tempos dos séculos" (2 Tm 1.7-9). Independentemente de onde você esteja na vida agora, Deus trouxe você até este momento para os propósitos dEle. Apesar dos erros que você tenha cometido ou dos arrependimentos que você guarde no coração, Ele o agraciou para um futuro glorioso. Ele transforma seus erros em lições de vida que ajudam os outros. Ele transforma sua dor em compaixão para curar as pessoas. Ele utiliza as habilidades mais humildes e as especialidades mais desenvolvidas para a glória dEle. Você só tem de querer seguir os passos de Jesus enquanto olha à frente para onde Deus quer levá-lo.

Cajado Poderoso

Ao viajar pelo mundo, fico espantado com as semelhanças entre pessoas muito diferentes. Alguns indivíduos são jovens adultos que estão começando na vida; outros são de meia-idade que estão redefinindo a si mesmos e o que querem que a vida seja; outros estão em idade avançada e ficam imaginando se é tarde demais para satisfazer aquela pequena cócega em sua alma, aquela dor em seu coração que Deus incutiu neles para propósitos dEle. Muitos deles me perguntam:

— Brian, o que devo fazer para que meus sonhos se tornem em realidade? Como saber se meus sonhos são o propósito de Deus para a minha vida?

Ainda que não haja uma resposta apropriada para todos, costumo dizer-lhes a mesma coisa: use o que está à mão! Esta é a resposta que Deus deu a Moisés depois de escolhê-lo para tirar o povo de Israel da escravidão no Egito. Você deve lembrar que Deus aparece como uma sarça ardente a Moisés, dizendo-lhe que ele deve negociar com o faraó e garantir uma libertação pacífica para os cativos hebreus. Entretanto, Moisés responde da forma que muitos de nós respondem: "Quem sou eu, que vá a Faraó e tire do Egito os filhos de Israel?" (Êx 3.11).

Deus manda Moisés explicar a faraó e aos egípcios que Moisés serve de porta-voz de Deus, habilitado como embaixador divino para assegurar a liberdade de seu povo. Moisés não está aceitando e continua a pensar no futuro: "Mas eis que me não crerão, nem ouvirão a minha voz, porque dirão: O Senhor não te apareceu" (Êx 4.1). É nessa hora que Deus fica muito tangível e direto, respondendo na forma de pergunta: "Que é isso na tua mão?" (4.2).

Senti Deus falar comigo exatamente nessas mesmas palavras nos primeiros anos da Igreja Hillsong. Lembro-me de olhar em volta e imaginar onde encontraríamos a equipe de louvor, os líderes de pequenos grupos, um pastor de jovens e quem trabalhasse com as crianças. Mas enquanto considerava as opções em meio à pequena equipe que se reunia, senti as palavras que Deus falou para Moisés ecoar em meu espírito: "Que é isso na tua mão?". Mais de trinta anos depois, continuamos a recrutar e a dirigir nossa igreja com as pessoas a quem Deus colocou em nossas mãos: pessoas que provaram-se dentro da vida da igreja, cujo coração por Deus e sua casa são suas maiores qualificações. Não "contratamos" pessoas que não tenham entendimento ou empatia pelo DNA de nossa igreja, e esse fato é evidenciado por uma equipe maravilhosa de funcionários e líderes sacrificiais que são extremamente talentosos.

A bênção que desfrutamos e a influência que temos através da adoração Hillsong nunca foram formadas com a contratação do melhor dos melhores, ou com a retirada dos que estão servindo em outras igrejas, ou com o aproveitamento dos que estão construindo sua própria plataforma de adoração. Temos apenas confiado em Deus, trabalhado com as pessoas que Ele coloca em nossas mãos e visto como Ele usa pessoas comuns para fazer coisas extraordinárias.

Da mesma forma com Moisés, quando ele reconheceu o poder do cajado comum de pastor que ele tinha na mão, imediatamente tornou-se numa cobra bem diante dos seus olhos. Quando Deus instruiu Moisés para pegar a cobra pela cauda, ela tornou-se em cajado outra vez. Moisés sabia que esse artifício obteria a atenção de faraó – e obteve!

É frequente respondermos à chamada de Deus para nossa vida como Moisés respondeu, dando desculpas e dizendo, muitas vezes com sinceridade, que não temos o que precisamos para fazer o trabalho que Ele manda. Como realizaremos o sonho que Deus tem para o nosso futuro glorioso se não tivermos os recursos, a formação educacional, o imóvel, o capital ou os apoiadores? Tudo que sei é que temos uma perspectiva limitada daquilo que vemos na terra, a qual nos impede de reconhecer os recursos invisíveis e ilimitados de nosso Pai celestial. Também descobri o seguinte: aquilo que penso que preciso para fazer a obra e o que Deus pensa que preciso nem sempre são a mesma coisa.

Assim como Jesus, que abençoou os dois peixinhos e os cinco pães do pequeno menino e os transformou em sanduíches de peixe suficientes para alimentar mais de 5 mil pessoas, Deus faz muito com pouco. Suas bênçãos são projetadas para serem multiplicadas e criar um efeito dominó de impacto positivo.

Destranque o Futuro

Quer você admita ou não, as sementes para o seu futuro glorioso já foram semeadas. Suas diversas experiências de vida, relacionamentos e até mesmo os erros contribuem para fertilizar as sementes do propósito.

O desafio para a maioria das pessoas é tirar a diferença entre o que está à mão e o que está no coração. Parece uma distância intransponível entre o compartimento de trabalho e o escritório de luxo, entre pintar paredes e pintar retratos, entre escrever os textos publicitários e autografar os exemplares do seu *best-seller*. A distância não é tão grande como parece. A rota de Deus para o seu futuro glorioso vale-se do exclusivo senso de direção de Deus, e não a rota lógica e direta que você pode visionar.

Não ignore o que lhe é familiar e até mesmo tedioso. Você já é especialista em muitos campos e métodos, quer perceba ou não. Canalize sua frustração trabalhando no balcão de *fast-food* pensando em novos e melhores métodos de atendimento ao cliente. Considere as limitações de sua fonte preferida nas mídias sociais e melhore-as. Identifique o que você mais gosta ao administrar sua equipe e veja se você pode especializar-se nisso. Mostre alegria e satisfação com o bom andamento de sua casa e seja generoso com os recursos que você tem. Existem inúmeras maneiras de transformar o cajado que está em sua mão em um para-raios do poder e do propósito de Deus.

Infelizmente, quando tentamos alinhar nossa chamada com nosso propósito, um senso de direito se instala. Nós nos aferramos ao prêmio maior em detrimento dos nossos talentos atuais. A Palavra de Deus é consistente com o princípio da mordomia: "Quem é fiel no mínimo também é fiel no muito" (Lc 16.10). Se você não estiver disposto a começar pequeno e crescer a partir do que lhe foi dado, então você permanecerá frustrado. Sua visão de organização global começa ao nível das bases. Seu empreendimento comercial internacional começa com a forma como você conduz seu início independente. Sua família amorosa e coesa começa com pequenas decisões, como estar em casa cedo para comer as refeições juntos. Você não pode esperar estar no topo do seu negócio e obter os resultados que você deseja se você não se puser a trabalhar. Deus quer que você se envolva plenamente com os recursos e habilidades que Ele confiou a você. Ele quer que você os invista e produza um retorno maior para o Reino, e não que você os enterre ou os utilize para propósitos próprios. Uma das principais razões pelas quais continuamos a explorar novas fronteiras ministeriais, como plantar igrejas em cidades que são "cemitérios de igrejas", ou cuidar das pessoas feridas que estão em situações desesperadoras e lugares desesperadores, é multiplicar o rendimento do investimento de Deus. Ele tem sido mui generoso e abundante em suas muitas bênçãos para com a Igreja Hillsong. Essas bênçãos nos foram dadas por seu amor como nosso Pai e como reflexo da sua glória. Ele não nos dá oportunidades só para que construamos um edifício maior ou tenhamos outra conferência. Ele nos dá oportunidades para que amemos os outros como Ele nos ama. A declaração de visão da Igreja Hillsong desde sua criação permanece a mesma: "Para alcançar e influenciar o mundo construindo uma grande igreja centrada em Cristo e fundamentada na Bíblia, mudando mentalidades e capacitando as pessoas para liderar e impactar em cada esfera da vida". Ocupamo-nos em equipar as pessoas para que prosperem em sua esfera de vida, e em capacitá-las para que usem o que está à mão para liderar, causar impacto e cumprir o que está em seus corações.

Agora é a hora de tirar a diferença entre onde você está no presente e onde Deus está chamando você para estar no futuro. A porta de entrada para o seu futuro glorioso já deve estar aberta. Só falta mesmo você empurrar a porta e entrar. Se você estiver frustrado por sonhos não realizados e decepções contínuas, então peça a Deus para revelar os próximos passos. Peça a Ele que transforme o cajado que está em sua mão na chave para destrancar o seu futuro. Não tente saltar longe demais muito cedo. Peça a Deus que lhe mostre o passo de hoje, a primeira prioridade para mantê-lo avançando.

> "Confia no Senhor e faze o bem; habitarás na terra e, verdadeiramente, serás alimentado. Deleita-te também no Senhor, e ele te concederá o que deseja o teu coração" (Sl 37.3,4).

O que está em sua mão e em seu coração é a chave para o seu futuro glorioso!

CAPÍTULO DEZENOVE

Não Pare

I'll look to the cross as my failure is lost,
In the light of Your glorious grace.
Let the ruins come to life, in the beauty of Your Name
Rising up from the ashes, God forever You reign.
Olharei para a cruz enquanto meu fracasso se esvai,
À luz da tua gloriosa graça.
Que as ruínas voltem à vida, na beleza do teu nome
Levantando-se das cinzas, Deus, para sempre, tu reinas.
— "Glorious Ruins", Hillsong Music, 2013

Considero-me um viajante experiente e orgulho-me de minha capacidade de negociar terminais de aeroportos, filas de inspeção de segurança e cabines de imigração mais rápido do que os outros viajantes que encontrei. (Acho que Bobbie encontraria uma maneira de usar a palavra *impaciente* aqui.) Impaciente ou não, vejo as escadas rolantes e as esteiras rolantes dos aeroportos como as melhores amigas do viajante experiente. Com cada passo dado, vou duas vezes a distância na metade do tempo! Nunca consigo entender por que há pessoas que ficam imóveis e deixam as esteiras fazerem todo o trabalho, sobretudo quando estão perdidas numa conversa e alheias ao fato de que estão bloqueando o caminho de pessoas como eu – pessoas que estão em missão de comutar de terminal em terminal com um tacanho senso de propósito e intenção.

Por exemplo, estava eu no aeroporto de Dubai há alguns anos, em conexão para outro voo, e maravilhado com as mais longas escadas rolantes e esteiras rolantes do mundo. Pareciam que se estendiam por quilômetros, atravessando andares, com seu cromado reluzente e polido fazendo com que aparentassem uma cidade de outro planeta. Milhares de pessoas andavam apressadas e se empurravam para pegar seus voos, a maioria com um olhar vago e com pouca ideia de onde estavam indo e de como estavam indo para chegar lá.

Encontrava-me andando em uma escada rolante com centenas de pessoas à frente, quando, de repente, ouvi exaltadas reclamações acontecendo lá na frente. Uma senhora de pequena estatura que vestia uma burca estava se aproximando do fim da escada rolante em pânico, sem saber como fazer para voltar a pisar no chão firme. Pelo visto, ela nunca tinha visto uma escada rolante e nem sabia o que fazer para dar o passo de saída. Quando a escada rolante chegou ao fim, ela deu um pequeno passo no chão firme e parou no caminho. O problema era que todos atrás dela ainda estavam em movimento e não tinham nenhum lugar para ir, criando um efeito dominó. Bagagens, bolsas, crianças e passageiros espalharam-se por toda parte, visto que não podiam deter o movimento contínuo à frente. A escada rolante terminara, mas a senhora não devia ter parado.

E aqui está a moral da história: Quando algo acaba, não pare. O fim de uma etapa da vida não é a conclusão do destino.

Não Planejado, porém não Desconhecido

Há momentos na vida em que nosso movimento chega a um fim abrupto. A temporada termina e nos pega de surpresa, e ficamos imaginando como dar o próximo passo, assim como a mulher no aeroporto. Pode ser a perda de emprego ou a mudança forçada de atividade profissional. Pode ser uma promoção ou uma nova posição de liderança. Pode ser um novo relacionamento ou o fim de um, quando alguém se afasta ou vai para uma direção diferente. Pode ser a realização de um objetivo, a obtenção de um título acadêmico, a mudança para a casa que você sempre quis ou o último dos filhos que se casa e vai morar em outra casa. Seja o que for, você fica se sentindo um tanto quanto desorientado e inseguro, com medo de dar o próximo passo ou incerto da direção a tomar para fazer o próximo movimento. Mas só porque algo acabou não significa que você deve parar. Se você atingiu um marco ou sofreu uma perda inesperada, você pode até não saber como continuar, mas tem de confiar que, enquanto estiver vivendo e respirando, Deus tem um plano para o próximo passo que você der. No caminho da fé, a viagem nos leva a lugares que nunca sonhamos, alguns mais bonitos e alegres do que imaginamos, outros mais escuros e decepcionantes do que já enfrentamos. Mas seguir a Jesus significa continuar indo, mesmo quando não sabemos *como* ou *para* onde. Foi exatamente isso que o próprio José, o pai terreno de Jesus, experimentou.

Conforme fiz por trinta e dois natais consecutivos, sentei-me neste Natal para preparar uma mensagem para os membros de nossa igreja. Hoje em dia, minha mensagem de Natal é pregada ao vivo na sede Hills da Igreja Hillsong, enviada simultaneamente para mais de 40 cultos em 19 locais e, por meio da tecnologia, transmitida para o mundo inteiro. Este ano, na preparação, encontrei-me meditando em José.

José, meses antes do nascimento de Jesus, estava prestes a entrar na sua maior vitória até então. Sua família e a família de Maria fizeram um contrato, e José e Maria estavam noivos para se casar. Ele foi prometido para uma moça bonita de uma família perfeita, com ascendência à casa real de Israel e ao próprio rei Davi. José e Maria tinham mostrado sua afeição e aprovação mútua ao beberem dois copos de vinho em uma cerimônia culturalmente tradicional, e José tinha saído para preparar-se para sua esposa prometida.

Mateus 1.18-23 documenta o momento em que José descobriu que a mulher de quem ele estava noivo, porém com quem ainda não fora íntimo, estava grávida. As palavras que se destacaram para mim no versículo 18 foram as palavras *antes* e *depois*. Que palavras destruidoras de sonhos para ele: "*Depois* de Maria estar prometida, mas *antes* de se ajuntarem". * José, sem dúvida, esperava ansiosamente casar-se com Maria. Assim como nós, ele se permitiu sonhar com os filhos que teriam e o que esses momentos implicariam. Ele imaginou a alegria de segurar seu primogênito nos braços, a família reunida comemorando – e agora isso. Ele nem sabia quem era o pai; ele só sabia que não era ele.

Foi o choque mais inconveniente e que veio no momento mais inoportuno. Ele estava noivo, um contrato que só poderia ser anulado pelo divórcio. Eles estavam totalmente comprometidos, mas ainda não tinham ingressado no futuro glorioso. Foram nesses momentos, antes de ter o Espírito Santo falado com José, que ele deve ter se sentido muito só, muito vazio e muito inseguro do que estava por vir. Contudo, o que pa-

* **N. do T.**: O autor não cita a versão bíblica por ele utilizada.

recia ser o fim para José era apenas o início. A circunstância em que ele vivia não estava em seus planos, mas para Deus, não era desconhecida.

Campo de Batalha

Se você estiver em fase de transição, enfrentando o fim de algo e, talvez, o começo de outra coisa, você encarará essa encruzilhada como frente de batalha. Como você sabe, os lugares históricos têm marcadores que descrevem batalhas importantes que ocorreram no local. "Aqui ocorreu a campanha de Galípoli", a batalha que marcou a primeira grande operação militar vencida pelas Forças Armadas da Austrália e Nova Zelândia (na sigla em inglês ANZAC): Esta batalha feroz e heroicamente travada em solo turco é vista como marcador do nascimento da consciência nacional em nossa parte do mundo. Por outro lado, os ingleses encontrariam: "Aqui ocorreu a batalha de Hastings", e você encontraria: "Aqui ocorreu a batalha de Gettysburg", caso você more nos Estados Unidos.

Quando enfrentamos o fim de um capítulo da vida e antes de começar o próximo, temos o catalisador para uma batalha. Veja bem, o diabo, nosso inimigo, tenta calçar o pé na porta e nos pegar desprevenidos durante o tempo de transição. Ele espera que nós nos sintamos desorientados, inseguros, medrosos e pouco cautelosos. Ele teria prazer de atrapalhar sua jornada de fé e enviá-lo por um caminho errado, enganando-o, fazendo-o pensar que você chegou a um beco sem saída.

Em outras palavras, o diabo quer roubar suas oportunidades de crescimento e transformá-lo numa pessoa improdutiva e infeliz. Ele pode até não roubar-lhe a salvação, mas pode minar o seu propósito e satisfação. Satanás adoraria ser o fim de sua aventura espiritual, o bloqueio impenetrável que separa você de Deus. Mas ele não pode. Deus é maior e mais poderoso. Sempre que sentimos que chegamos ao fim e não podemos continuar, é essa a ilusão temporária que o diabo está tentando manter. Por mais desafiador que seja, se você quiser viver uma vida com impulso permanente, uma vida que é maravilhosa e cheia de alegria e significado, então você precisará ver Deus no fim das coisas, bem como no início. Porque se crermos em Deus no fim das coisas, Ele cumprirá seu bom propósito em nossa vida.

Gosto do fato de não ser o fim até Deus dizer que é o fim. Só porque você perdeu algo precioso para você, só porque um capítulo terminou abrupta e inesperadamente, não significa que a vida acabou. Tampouco significa que o Senhor se esqueceu de você ou o abandonou por um momento. Por mais difícil que seja ver, quando você perdeu um ente querido, ou perdeu o emprego, ou recebeu notícias devastadoras, o melhor ainda está por vir. Assim como aconteceu com José, o futuro glorioso de Deus está prestes a ser revelado!

Confiante e Firme

Ao pastorear uma igreja, e particularmente uma grande igreja, é inevitável haver oportunidades para alegrar-se com os que se alegram e chorar com os que choram (veja Rm 12.15), e muitas vezes ao mesmo tempo. Quando um jovem casal se alegra com o milagre da chegada segura de seu bebê, outra família está de luto por uma perda súbita, ou um jovem está com o coração partido por um relacionamento interrompido. São as fases da vida.

Lembro-me de como o jovem e talentoso Jay, membro importante de nosso pessoal, enfrentou algo extremamente doloroso há poucos anos. Gary, seu pai, que era um pouco mais jovem que eu, estava em plena forma física, era saudável e gostava de nadar e surfar na Costa Central, a região orlada por praias ao norte de Sydney, lugar onde moravam. Naquele dia, ele terminou de surfar, agarrou o peito e caiu ao chão, morrendo de um ataque cardíaco.

Foi, obviamente, um choque devastador para Jay, sua mãe e sua irmã Hannah, que estavam todos muito envolvidos na vida da igreja. Gary e eu tínhamos acabado de rir e conversar bastante depois do culto da semana anterior ao seu falecimento. Enquanto pensava sobre esta família, ponderei que foi um período de extrema tristeza para eles. Com a dor e o choque que acompanham o luto e a perda, para Jay e Hannah haveria a conscientização de que o pai não mais levaria a filha ao altar de casamento, ou desfrutaria da bênção de brincar com os netos. Em momentos como esse, temos dificuldade em entender o que Deus está fazendo. Para um jovem como Jay, foi um período crítico em termos do futuro glorioso que o aguardava. Em face da perda pessoal, como reagir? Há pessoas que perdem o caminho nos tempos escuros da vida e perdem de vista o futuro ordenado por Deus. Hoje, anos depois, é uma alegria ver que Jay e sua irmã não estão permitindo que a perda surpreendente de seu pai, a quem amavam, defina o futuro. Ambos continuam a fazer escolhas sábias que hoje fazem com que floresçam na vida, amor e liderança.

Porém, esse processo pode ser muito difícil. Quando as coisas chegam a um fim inesperado, para muitas pessoas ocasiona arrependimento, desilusão e confusão. Sentimo-nos culpados com os erros que cometemos quando algo chega ao fim, e percebemos que, se tivéssemos feito as coisas de maneira diferente, talvez não tivesse acabado desta forma. No entanto, quando você segue a Jesus, você precisa confiar que Ele o conduz pelos vales, os lugares onde as sombras se reúnem e cegam seu coração com a escuridão. Ele é a luz que o guiará de volta às pastagens verdejantes e águas tranquilas. Mas isso pode ser muito semelhante a tropeçar no escuro, sem saber que passo dar e no que você tropeçou.

Temos de lembrar as promessas de Deus na verdade da sua Palavra. Gosto de versículos que nos encorajam a perseverar. "Porque nos tornamos participantes de Cristo, se retivermos firmemente o princípio da nossa confiança até ao fim" (Hb 3.14). No início da vida cristã, é tudo tão empolgante e novo, é tudo tão cheio de um sentimento de admiração pela graça e misericórdia de Deus. Começamos, e a emoção nos carrega para frente até que sofremos o impacto.

Estamos tão confiantes e, então, subitamente, parece que todas as forças do inferno se alinham contra nós. Enfrentamos problemas de saúde, vícios, fim do emprego, a traição do cônjuge, a rebelião de um filho, dificuldades financeiras – e, às vezes, tudo de uma vez! Tudo parece armado para nos roubar o sonho, a esperança e a fé. Mas é quando devemos permanecer firmes, constantes e confiantes, apesar de todos os níveis de dificuldade que se acumulem contra nós. É quando a estrutura da nossa fé é testada e parece que desabará, deixando-nos cair em um poço de desespero do qual podemos nunca mais sair. É isso que o diabo quer nos fazer crer, mas *não é verdade!*

A verdade é "aquele que em vós começou a boa obra a aperfeiçoará até ao Dia de Jesus Cristo"! (Fp 1.6).

Momentos e Marcos

Mais uma vez, nosso Salvador exemplifica esse tipo de confiança na orientação do Pai, mesmo em seu momento mais sombrio, quando completou seu maior sacrifício. Ele nascera numa manjedoura, vivera como homem, revelara-se como o Messias, ensinara e curara no ministério público e suportara o sofrimento final necessário para libertar-nos de nossos pecados. Com uma última profecia a cumprir, Jesus reconheceu o fim da vida como Ele conhecera na terra.

> "Depois, sabendo Jesus que já todas as coisas estavam terminadas, para que a Escritura se cumprisse, disse: Tenho sede. Estava, pois, ali um vaso cheio de vinagre. E encheram de vinagre uma esponja e, pondo-a num hissopo, lha chegaram à boca. E, quando Jesus tomou o vinagre, disse: Está consumado. E, inclinando a cabeça, entregou o espírito" (Jo 19.28-30).

Observe que, apesar da dor em que Ele estava, da humilhação que sofreu como homem inocente, injustamente acusado e erroneamente tratado, seus executores não quebraram seu espírito. Jesus voluntariamente entregou o espírito – Ele o rendeu –, após fazer tudo o que determinara fazer em seu ministério público. Sua morte marcou o fim de uma era, e sua ressurreição, dois dias depois, marcaria o início de outra. Ao morrer na cruz, Jesus sabia que chegara ao ponto final de sua vida como homem mortal.

Mas sua vida e ministério estavam longe de terminar.

Seu corpo voltou à vida para comer, beber e conversar com os discípulos, além de revelar o poder de Deus para derrotar até mesmo a morte. Jesus passaria mais 40 dias sobre a terra como prova do poder e glória do Pai antes de voltar para sua casa no céu. Porém, sua ascensão também provocaria outro evento que já investigamos: o dom do Espírito Santo para seus seguidores aqui na terra. Jesus morreu, foi sepultado e ressuscitou, dando à luz a Igreja por sua morte dolorosa. Isso explica a forma como Ele é descrito no livro de Apocalipse, como o Alfa e o Ômega, o princípio e o fim. Vemos Jesus no início de novos empreendimentos e novos relacionamentos, mas raramente pensamos que Ele está presente no fim também. Quanto mais doloroso for o final ou a perda, mais difícil será sentir a presença de Deus em nossas circunstâncias.

Apesar disso, Ele está presente, amando-nos e incentivando-nos a não desistir, ajudando-nos a chorar e lamentar o passado, ao mesmo tempo em que nos lembra e entra no seu futuro glorioso por nós. Todos nós precisamos lembrar que Deus vai adiante de nós e, mesmo quando experimentamos um ponto de parada inesperado ou vemos um ponto lento e gradual chegando, seja o que for, Ele está presente. Ele nunca nos deixa.

A Bíblia é clara sobre o fato de que a nossa vida tem fases, tem um ritmo distinto. Grande parte das experiências para termos uma vida maravilhosa e espaçosa diz respeito a vivermos em harmonia com a fase em que estamos. Às vezes, a vida tem grandes movimentos dramáticos; outras vezes, nos sentimos presos na rotina com pouca mudança em vista. Onde quer que estejamos, Deus está conosco. Nas transições da vida, não temos de parar só porque chegamos ao fim de uma fase.

De volta para o Futuro

Não sei como isso se aplica a você, mas estou confiante de que todos nós estamos no meio de mudanças na vida. Todos temos de enfrentar fins e novos começos, deixando coisas para trás em épocas anteriores e capítulos passados e começando do zero, dando passos rumo a um futuro glorioso que está logo adiante. Nossa força e ritmo na vida nunca são constantes e ininterruptos. Nunca é "bênção, bênção, dupla bênção, bênção, tripla bênção, e depois quádrupla bênção!". Ainda que sempre tenhamos bênçãos na vida, elas estão misturadas com provas e desafios. Parece, às vezes, que são "dois passos para frente, um para trás."

Na vida, as pessoas com maior impulso veem o impulso atingir o maior alvo bem no meio, provocando uma explosão que as faz cambalear e imaginar se um dia terão um recomeço. É quando a fé é provada e percebem que grande parte da vida está fora de controle. Temos de confiar no amor do Pai e crer nEle, mesmo quando não faça sentido segundo nossa perspectiva limitada. Temos de lembrar que os nossos caminhos não são os caminhos de Deus. Para você continuar avançando para o futuro glorioso, sobretudo quando estiver enfrentando o fim de uma fase na vida, eu o incentivo a fazer três coisas. Em primeiro lugar, sempre acredite no melhor para o futuro. Se você olhar o futuro pelo remorso, pelo passado, pelo desapontamento, pela dor, você perderá de vista a bondade de Deus. Coisas duras, terríveis e brutais acontecem na vida. Quer você esteja numa selva urbana confrontando o terrorismo ou numa selva africana lutando com uma doença, você está cercado por sofrimento de algum tipo praticamente todos os dias. Tudo o que você precisa fazer é viver para perceber que a vida é dolorosa.

Mas não importa o que você está enfrentando ou o que está acontecendo ao redor, você tem de crer no melhor para o futuro, em nome de Jesus. Se você crê que Deus é quem diz ser, então você tem de saber que, de alguma forma, em meio a tudo isso, há um futuro glorioso a espera. Um futuro que o surpreenderá e satisfará seus desejos mais ardentes. Um futuro que refletirá a bondade e o poder de Deus, que refletirá a sua glória e graça.

Deus nos deu sua palavra sobre esse futuro: "Porque eu bem sei os pensamentos que penso de vós, [...] pensamentos de paz e não de mal, para vos dar o fim que esperais" (Jr 29.11). Gosto do contexto desse versículo, uma mensagem de Deus entregue pelo profeta Jeremias ao povo de Israel, que estava preso no cativeiro na Babilônia. O sonho dos israelitas era voltar para casa em Jerusalém. Eles sentiam como se estivessem no fim do sonho, que nunca estariam livres para voltar para casa novamente.

Mas o Senhor nunca os abandonou. Lá no lugar que parecia um beco sem saída, uma terra de destruição, onde o povo de Israel foi deslocado em cativeiro, a Palavra de Deus chegou até eles. Foi-lhes dito: "Assim diz o SENHOR dos Exércitos, o Deus de Israel, a todos os que foram transportados, que eu fiz transportar de Jerusalém para a Babilônia: Edificai casas e habitai-as; plantai jardins e comei o seu fruto. Tomai mulheres e gerai filhos e filhas; tomai mulheres para vossos filhos e dai vossas filhas a maridos, para que tenham filhos e filhas; multiplicai-vos ali e não vos diminuais" (Jr 29.4-6).

O modo de vida que tinham chegou ao fim, e o futuro era sombrio. Eles estavam morrendo de fome de esperança, com medo de acreditar que o futuro poderia ser ainda melhor do que outrora tinha sido. Deus lhes disse que Ele tinha um futuro glorioso para eles. Você não constrói casas e forma famílias ou planta jardins e ganha a vida se você não espera criar raízes e ficar por aqui. Deus lhes disse que sua história ainda não acabou; o último capítulo ainda não tinha sido escrito. Ele os instruiu: "Procurai a paz da cidade para onde vos fiz transportar; e orai por ela ao SENHOR, porque, na sua paz, vós tereis paz" (Jr 29.7).

Bondade e Misericórdia

Pense sobre o local onde você atualmente se encontra. Talvez um sonho tenha definhado ou um tempo outrora promissor tenha terminado em decepção. Talvez você tenha perdido a pessoa ou então a possibilidade mais preciosa para você. Você sente vontade de desistir, incapaz e indisposto de crer que o futuro pode ser alegre outra vez. Esses são os momentos nos quais devemos buscar a paz de Deus.

Quando você se depara com uma situação impossível, lembre-se de que você serve um Deus para quem todas as coisas são possíveis. Peça a Ele que lhe dê paz e segurança, do tipo que "excede todo o entendimento", do tipo que não faz sentido dadas as circunstâncias. Quando você se sentir como se estivesse sendo mantido em cativeiro pelo medo, ore pela paz do lugar onde você está e pelo que você está enfrentando. Retenha a confiança com que você começou quando se tornou participante do evangelho, perseverando até ao fim, crendo que o futuro será melhor. Escolha ver o aqui e o agora como o lugar onde Deus o colocou e o abençoará, exatamente como fez com os israelitas. Seu presente, bem como seu futuro, não são desconhecidos para Deus.

No meio de nossos pontos finais, nem sempre podemos ver, mas Deus tem essa maneira incrível de fazer as coisas funcionarem do seu jeito. Joel, meu filho mais velho, nunca mostrou muito interesse em aulas de piano. Eu o levava de carro à casa da professora de piano e ficava esperando até eu ter certeza de que ele tinha entrado. Joel sempre mostrou gosto pela música, e o artista nele esboçava croquis e ideias relacionadas a usar a música para ajudar as pessoas feridas.

Na adolescência, ele e seus amigos da igreja começaram a tocar música e escrever canções. Logo, formaram uma banda que chamaram de Able. Como se constatou, eles eram incrivelmente muito bons. Cada um desses jovens amava o Senhor, mas tocaram música convencional e atraíram fãs. Acabaram apresentando-se em palco e entrando em uma competição denominada "batalha das bandas", que foi exibida nacionalmente no canal V, um canal australiano de música que é muito popular entre os jovens. Surpreendentemente, semana após semana, o público continuava a votar na Able. No final, ficaram duas bandas. O irônico é que um dos integrantes da outra banda era Matt Crocker, amigo próximo dos rapazes da Able. Joel e seus amigos ganharam a competição e viram seus sonhos inflamados pela promessa de um importante contrato de gravação, parte do prêmio para o vencedor da competição. Contudo, não muito tempo depois, a dinâmica dentro da banda mudou de um momento para o outro. Exatamente quando tinham dado um passo importante em direção aos seus sonhos, de repente ocorreu uma parada violenta e avassaladora. Depois de tanto trabalho duro e expectativa torturante, como você pode imaginar, foi uma amarga decepção.

Mas aqui está o que é incrível: A história não acabou. Anos mais tarde, olhando para trás, é inacreditável ver como Deus usou os jovens da banda (Marty Sampson nos primeiros dias, além de Joel, Mikey Chislett e Matt Crocker), que juntaram suas habilidades e realizaram sonhos através da Hillsong UNITED. Hoje, eles escrevem música, gravam CDs, fazem turnês pelo mundo e têm filmes feitos sobre eles. Deus tinha um plano maior do que torná-los astros do *rock*. Ele queria que impactassem as gerações com canções e sons de adoração arrebatadores. Um sonho acabou, mas levou ao nascimento de algo maior e mais significativo do que teríamos imaginado.

O mesmo é verdade para você. Só porque algo acabou, não é o fim! Quando Jesus disse que estava consumado, seu sacrifício foi concluído, mas sabemos que não foi o fim. Algo pode ter acabado em sua vida hoje, mas a obra de Jesus em sua vida está longe de terminar. Acredite que o seu melhor está no futuro! Leve a sério a promessa de Deus descrita no Salmo 23.6:

> Certamente que a bondade e a misericórdia seguirão *você*.
> Certamente que a bondade e a misericórdia seguirão você *todos* os dias da sua vida.

O fim de uma fase não é o fim do seu destino.

CAPÍTULO VINTE

Novas Todas as Coisas

You make all things new
Yesterday and forever
Your love never changing
This hope never fading
Hallelujah
Tu fazes novas todas as coisas
Ontem e para sempre
Teu amor nunca mudar
Esta esperança nunca murchar
Aleluia
— ***"All Things New", Hillsong Music, 2014***

Como iniciar o último capítulo de um livro? Quando parei para pensar sobre a mensagem que quero que ressoe em seu coração quando você virar a última página e fechar a capa desta leitura, independentemente da fase da vida que você esteja vivendo, este versículo extremamente simples me vinha à mente sem cessar: "Sabemos que Deus age em todas as coisas para o bem daqueles que o amam, dos que foram chamados de acordo com o seu propósito" (Rm 8.28, NVI).

Todas as coisas.

Para o *bem*.

Que grande Deus nós servimos!

Tudo Significa Tudo

A Palavra de Deus é clara ao afirmar que o Pai está empenhado em nos ver em todas as coisas, empenhado em nos capacitar a viver, amar e liderar uma vida de propósito, sentimento, poder e paz. Nele, encontramos significado em nossos momentos cotidianos, esperança em nossa dor, alegria nas pequenas coisas e nova vida – uma vida nascida de novo com a expectativa de um futuro glorioso. Considere isto para sua vida agora: Deus age em *todas as coisas* para o bem.

Se você procurar a palavra grega traduzida por "todas as coisas", descobrirá que significa exatamente isto: tudo, todos, cada um, com tudo incluído. No Antigo Testamento, a palavra hebraica que significa "todas as coisas" é igualmente abrangente. Pouco importando como você considera a palavra na Bíblia, que ocorre 353 vezes no total, *todas as coisas* significa todas as coisas. Não apenas as coisas boas, mas também todas as coisas. Cada coisa que ocorre em nossa vida e em nosso mundo, Deus age em todas elas para o bem, enquanto amamos e vivemos de acordo com o seu propósito. Será mesmo? Todas as coisas?

Tenho um cachorro chamado Bali, que é um *poodle* ou, para ser mais exato, *cavoodle*, metade *spaniel* e metade *poodle*. Chamado assim por meu filho Ben, segundo um de seus destinos preferidos para praticar surfe, Bali tem oito anos, é muito inteligente e, às vezes, rebelde. Quando estamos na praia de Bondi, em Sydney, levanto-me e vou passear com Bali para ele fazer o que os cãezinhos têm de fazer na parte da manhã, e é quando uma de suas persistentes peculiaridades comportamentais causa um problema. Bali não faz o que tem de fazer quando está atrelado na coleira. Eu tenho de soltá-lo para ele cheirar ao redor e fazer o que tem de fazer.

Na praia de Bondi, os inspetores municipais são conhecidos por serem implacáveis quando se trata de detectar animais sem coleira e são reputados por imediatamente multar os donos com multas exorbitantes. Os inspetores andam por aí com *scanners* para escanear os animais que atualmente têm de ter um *microchip* implantado no corpo para fins de registro. (Soa um pouco como o livro de Apocalipse, não?) Lá estávamos nós naquela manhã radiosa e ensolarada, perfeitamente felizes com a vida e inicialmente alheios à *van* do município estacionada na grama nas proximidades.

Infelizmente, só depois de desatrelar Bali para ele fazer o que tinha de fazer foi que notei a *van* dos inspetores estacionada na direção em que Bali estava indo. Vendo que o problema estava se formando, porém sendo tão discreto quanto possível, chamei "Bali! Bali!" com urgência cada vez maior, conforme ele ia me ignorando. É claro que ele encontrou o lugar certo: bem em frente da *van* dos inspetores. Não era assim que eu queria começar o dia. Como era de se esperar, o inspetor saiu do veículo e, em tom irritadiço e oficioso, me deu um sermão sobre cães sem correia, mas, pelo menos dessa vez, Bali escapou de ser escaneado.

Simplificando, a vida tem momentos que não diríamos que são bons, alguns inconvenientes simples e outros problemas sérios. No entanto, no caso de haver dúvida, deixe-me expor algo com a devida clareza. Em Romanos, a Bíblia está falando de TODAS AS COISAS. *Todas as coisas* significa as coisas inconvenientes, as coisas difíceis, as coisas preocupantes, as coisas dolorosas, as coisas complicadas, as coisas inesperadas, as coisas apavorantes, as coisas penosas, as coisas vergonhosas, as coisas tristes e as coisas incertas.

Deus não desperdiça nada, entrelaçando tudo para nosso futuro glorioso, como só Ele sabe. *Todas as coisas* inclui união e desunião, coisas que se aproximam e coisas que se distanciam, o seu melhor dia e o seu pior dia, oportunidades aproveitadas e oportunidades desperdiçadas, boas fases e más fases, problemas e soluções, conflitos e resoluções, tribulações e triunfos, relacionamentos próximos e conhecidos de longe, doença e saúde, pobreza e riqueza.

Gosto do modo como a versão bíblica *A Mensagem* diz: "Assim, podemos ter certeza de que cada detalhe em nossa vida de amor a Deus é transformado em algo muito bom" (Rm 8.28, versão A Mensagem). Nem tudo é bom, e nem só coisas boas nos acontecem, mas servimos a um Deus que age em todas as coisas para o bem – para aqueles que o amam, para aqueles que foram chamados de acordo com o seu propósito.

Não se trata de diminuir as coisas difíceis. As coisas impossíveis de entender e provavelmente imerecidas. Trata-se de encorajá-lo para que em *todas as coisas*... Ele ainda tem um futuro glorioso em mente. Quando você ama a Deus, vive para Cristo e lidera pelo Espírito Santo, você desencadeia um futuro glorioso para o presente de cada dia.

Minha Última Sobremesa

Você acredita em resoluções de ano-novo? Penso que muitos de nós vemos o ano-novo como nova oportunidade de viver com determinação e mudar o estado das coisas. Como se o sol nascendo em um novo ano civil trouxesse consigo a habilidade adicional para perder peso, melhorar sua aptidão financeira ou mudar um ano que não foi ideal em um ano próspero e memorável. Dito isso, acredito que toda resolução é boa resolução, quer seja feita em 1º de janeiro ou 1º de junho. Na verdade, começo quase todos os meses com nova determinação. Era para ser um setembro sem ingestão de açúcar, e depois de um outubro da superação, um novembro "dizendo não", e por aí vai.

Talvez eu tenha declarado algumas vezes em tom de despreocupação à mesa de jantar que "esta será minha última sobremesa", mas vivo com a crença de que enquanto há vida, há esperança. Se eu não fizer resoluções em minha vida, então não haverá a menor chance de alguma coisa mudar.

É somente quando vivemos a vida de acordo com a Palavra de Deus que entendemos que não são os nossos esforços, não é o nosso empenho, não é o que podemos fazer baseado em nossa força que mudará algo. É crer que Deus faz com que as coisas trabalhem para o bem, enquanto nós vivemos a vida amando-o, vivemos a vida chamados de acordo com o seu propósito. É isso que nos transforma.

Talvez eu seja uma pessoa positiva por natureza, porém espero coisas boas todo dia de todo ano, e não apenas em 1º de janeiro. Acredito, sem sombra de dúvida, que cada momento de cada dia, para todos os 365 dias do ano, pode revelar a bondade de Deus na minha e na sua vida.

Nem sempre *parece* bom, mas você está vendo a bondade de Deus operando em sua vida hoje, agora? Que coisas você trouxe para este ano? Que coisas, boas ou más, estão à sua frente agora? Você crê que Deus está agindo em todas essas coisas para o propósito dEle?

Já mencionei meu gosto extremo pelos Salmos de Davi. Gosto por causa da honestidade de Davi e por ele expressar as noites escuras da alma, quando Deus parece distante e não vemos sua bondade. Mas também gosto, independentemente desses momentos, porque Davi consegue confiar no Senhor e seguir em frente, descansando na confiança de que Deus o ajudará, abrindo um caminho e revelando um futuro glorioso. Davi escreve: "Tu coroas o ano da tua bondade, e as tuas veredas destilam gordura" (Sl 65.11).

Você viveria de forma diferente hoje, se acreditasse profundamente que Deus tivesse coroado o seu ano com a bondade dEle? O que você se atreveria a realizar em prol do Reino, se acreditasse que o caminho que Ele preparou para você destilasse gordura, ou seja, abundância?

Ele preparou... e preparará. O Deus que servimos tem um propósito e planos para você que são bons. Os pensamentos que Ele tem a seu respeito são bons. A vontade dEle para com você é boa. Todas as coisas se fazem novas na presença de Deus... o futuro glorioso que você tem foi planejado por Deus antes dos fundamentos da terra.

Novas Todas as Coisas

A vida é como a arte, na qual você começa com um pedaço de papel em branco, uma tela em branco e começa a pintar o quadro. Talvez a imagem fique um pouco borrada, ou você tenha de dar uma borrifada de tinta. Mas nas mãos do Artista e Criador supremo, até isso pode se tornar em facetas integrais de beleza de nossa vida. Em suas mãos, todas as coisas, todas as coisas *mesmo*, se fazem novas. "Assim que, se alguém está em Cristo, nova criatura é: as coisas velhas já passaram; eis que tudo se fez novo" (2 Co 5.17).

Deus nos deu a vontade, os dons e os talentos para que vivamos de acordo com seu chamado e propósito. Deu-nos também a oportunidade de vivermos uma vida ampla e espaçosa, cheia de oportunidades para fazer as coisas de que gostamos e desfrutá-la com as pessoas que amamos.

Mesmo quando estamos andando pelo caminho estreito, não subestimamos a capacidade de Deus fazer algo novo. Talvez seu coração esteja partido, em frangalhos, mas Ele pode restaurá-lo. Talvez seu casamento esteja desmoronando ou sua família esteja se desfazendo, cada um tomando um rumo diferente. Deus pode tornar tudo novo. Ele pode pegar aquilo que parece impossível e transformá-lo de dentro para fora.

Não importa que coisas estejam acontecendo em sua vida; se você continuar a amar a Deus e viver o seu chamado de vida, estando de acordo com o propósito de Deus, então, Ele orquestrará todas as coisas de acordo com a vontade dEle. Se for o que Ele propôs, Ele o realizará em nome de Jesus. A melhor notícia é que o Senhor já está trabalhando em sua vida, moldando e dando brilho, redimindo e revelando todos os seus bons planos para o futuro. O Pai está no controle e faz novas todas as coisas. Não há o que Ele não possa resolver. Nunca é tarde demais.

Quando você entra pela porta estreita e permite que Deus faça novas todas as coisas em sua vida, você experimentará a plenitude do seu futuro glorioso já em plena realização. Ele deu a cada um de nós um novo começo em Jesus e, com o Espírito Santo que habita em seu interior, você pode começar a viver a vida ampla e abundante que nasceu para desfrutar. A empolgação expansiva e alegre que você sente interiormente na vida irá transbordar, e você verá nova vitória e nova vitalidade em suas palavras, ações e hábitos.

Deus pode fazer você encontrar abundância em todas as coisas, só que isso tem de começar aqui na Palavra de Deus. Se você crê que Deus age em todas as coisas para o bem, então você almejará uma dieta constante da Palavra de Deus, atraído pela verdade de suas promessas de forma constante. É hora de virar a página, permita que Deus orquestre milagres a partir dos erros que você cometeu e transforme você em sua obra-prima. É hora de escrever um novo capítulo e crer que as melhores histórias ainda estão para serem contadas, as melhores partes ainda estão para serem escritas, e a melhor conclusão é a promessa da eternidade. Ele faz novas todas as coisas.

Tudo para a Glória

Por último, mas certamente não menos importante, quer estejamos vivendo em lugares amplos e espaçosos ou então navegando pelo caminho estreito, viver, amar e liderar como Jesus não diz respeito a nós. Diz respeito a dar glória ao Pai. Pouco importando o que estivesse fazendo, Jesus sempre refletia o poder, a honra, a bondade, a graça e a santidade do Pai. Ao recrutar pescadores para serem seus seguidores, Ele deu glória a Deus. Ao curar um cego, deu glória a Deus. Ao ensinar na sinagoga, deu glória a Deus. Na vida e na morte, deu glória a Deus em todas as coisas e, por sua vez, revelou como Deus usa todas as coisas para realizar o seu bom propósito.

Somos instruídos a fazer o mesmo, revelando a luz que há em nós pela forma como conduzimos a vida. "Se alguém falar, fale segundo as palavras de Deus; se alguém administrar, administre segundo o poder que Deus dá, para que em tudo Deus seja glorificado por Jesus Cristo, a quem pertence a glória e o poder para todo o sempre" (1Pe 4.11). Quando as coisas estiverem indo maravilhosamente bem, não nos esqueçamos de dar glória a Deus, e quando as coisas estiverem indo terrivelmente mal, também não nos esqueçamos de dar glória a Deus, porque é incrível como Deus encontra a glória nas piores circunstâncias, desde que confiemos nEle e o coloquemos em primeiro lugar.

Faz dezesseis anos desde o dia fatídico em que meu amigo e colega George Aghajanian concluiu a reunião semanal com a terrível notícia e as palavras esmagadoras: "Não é sobre você. É sobre seu pai". Essa frase estava destinada a trazer as ações do passado do meu pai terreno e suas consequências invadissem minha vida, minha liderança e meu mundo de modo sufocante, indesejado e devastador. Hoje, depois de 40 anos ou mais, o esqueleto dos pecados de papai ainda perturbam sob a forma de inquérito público, onde os meus motivos e os motivos das pessoas envolvidas foram abertamente questionados, e minha integridade atacada.

Acredito de todo o coração que lidei com uma situação muito difícil com transparência e honestidade. Em retrospectiva, você poderia ter feito algo de forma diferente? Sempre. Ainda assim, na época fiz o melhor que pude com o que eu sabia. Pode uma situação tão trágica contribuir para o bem? É possível que algo de valor saia de uma circunstância em que vidas foram destruídas e profunda dor foi experimentada? Não posso falar pelas vítimas reais das ações de papai, mas tenho visto em primeira mão os efeitos colaterais adversos entre seus filhos e netos. Parece impossível ver como Deus pode fazer algo de bom com nossos piores dias, ou como Ele pode ser glorificado nisso. Todavia, já vejo lampejos de luz no fim de um túnel muito escuro. Um túnel que parece continuar em direção às profundezas de um futuro incerto.

Pelo apoio esmagador de tantas pessoas maravilhosas, vale a pena dar glória a Deus. Pelo amor e lealdade inabalável de nossa equipe, vale a pena dar glória a Deus. Pelo trabalho intenso que Deus fez e ainda está fazendo em minha alma, vale a pena dar glória a Deus. Se eu estiver sendo honesto, embora esteja um tanto quanto desiludido com o processo, se a justiça e a verdade realmente prevalecerem para as vítimas inocentes, e o futuro da segurança para crianças poder ser garantido por melhores políticas e procedimentos – por esses resultados, vale a pena dar glória a Deus.

Paulo diz que sabe estar em necessidade e ter em abundância, e que aprendeu a sentir-se contente em toda e qualquer situação (veja Fp

4.12). É incrível como Deus pode revelar sua glória, quando permanecemos fiéis em nossa confiança nEle e em nossa disposição de louvá-lo, independentemente das circunstâncias.

É comum vermos atletas em entrevistas, após ganhar um jogo importante, dizer:

— Eu só quero agradecer a Deus e dar-lhe toda a glória!

Ou no Oscar, vemos um ator dizer:

— Dou a Deus toda a glória por este prêmio! Eu nunca teria conseguido sem Ele.

Há pessoas que tendem a ficar impacientes e desprezar essas declarações de fé, porém creio que devemos tomá-las como indicação de humildade. A pessoa está, pelo menos, tentando tirar o foco de suas habilidades e talentos e dando a entender que há outras coisas que contribuíram para aquela grande vitória. Prefiro ver alguém dando glória a Deus do que tomando para si toda a glória, porque se entregamos a vida para glorificar a Deus em todas as coisas, então creio que em todas as coisas podemos ver Deus realizando algo de bom.

Sei por experiência própria que o Senhor pode tomar tudo e qualquer coisa e usar de maneira surpreendentemente gloriosa. Basta olhar para a minha vida. Mesmo que não vejamos, mesmo que as circunstâncias sejam injustas, mesmo que não seja o que esperávamos ou que não seja conveniente, pouco importando o que aconteça, podemos aprender a reconhecer a glória de Deus, desde que estejamos compromissados em amar, viver e liderar para Ele.

Lembre-se: pode até parecer que as circunstâncias não estejam mudando, mas para Deus, há um quadro eterno. Dar glória a Deus não diz respeito a diminuir o que aconteceu ou o que está acontecendo na vida, mas diz respeito à promessa de que Deus produzirá uma nova vida. Nosso Deus está sempre restaurando, e esse trabalho começa agora. Na verdade, Ele está *em ação*. Ele está movendo montanhas, erguendo pessoas dos vales, das sarjetas, redimindo, salvando, restaurando e dando esperança. Ter uma perspectiva de fé sobre a vida, amor e liderança não diz respeito a subestimar as dificuldades da vida. Diz respeito a estar certo de que o Senhor está produzindo uma nova vida no *agora* e no *ainda não* do seu reino.

Capítulo após capítulo deste livro, a Igreja Hillsong, bem como minha vida, têm passado por todas essas fases. Tempos de pioneirismo e tempos de constância. Tempos de impulso e crescimento e tempos de desafio e dificuldade. Temos experimentado os picos das montanhas e as ladeiras íngremes dos vales. Encontramos nossa zona de graça e florescemos em nossa humanidade. Mas quer nos tempos de sair do barco ou andar sobre as águas, quer nos dias de pioneirismo ou nos dias de conforto existente, permitimos que nossa oração contínua seja esta:

Spirit lead me where my trust is without borders.
Let me walk upon the waters,
wherever You would call me.
Take me deeper than my feet could ever wander,
and my faith will be made stronger
in the presence of my Saviour.
Espírito, leva-me onde minha confiança seja sem limites.
Faze-me andar sobre as águas,
Aonde quer que tu me chamares.
Leva-me mais fundo do que os meus pés possam tocar,
e minha fé se fortalecerá,
na presença do meu Salvador.
— "Oceans", Hillsong Music, 2013

Se você estiver em busca de sua chamada ou perseguindo de todo o coração o propósito de sua vida, se você se encontrar envolto nos braços amorosos do Pai celestial ou então de joelhos, desesperado, lembre-se de que Ele é o Deus onisciente, onipotente e sempre gracioso de ontem, hoje e para sempre. Ele é digno de confiança e é fiel em todas as coisas.

Permaneça nesse caminho, meu amigo. Siga Jesus, e o Senhor o coroará com a sua bondade. Você tem uma herança incrível no nome de Jesus, uma montanha para subir e um caminho para desbravar como pioneiro. Você tem um caminho de fé que é todo seu, uma zona de graça que espera que você ocupe. O caminho árduo e a vergonha do seu passado não são páreos para o nome de Jesus, para o seu poder de cura e para a sua chamada santa. Os dons e talentos únicos que você tem foram devidamente talhados para trabalhar o propósito de Deus nesta geração, e sua vida ampla, espaçosa e ordenada por Deus está esperando que você participe dela agora mesmo! Viva, ame e lidere como Jesus, e sua vida na terra e no céu refletirá a glória contínua de Deus em todas as coisas!

Não há dúvida de que o seu melhor ainda está por vir!

Créditos das Músicas Hillsong

"Oceans (Where Feet May Fail)"
Words and Music by Matt Crocker, Joel Houston & Salomon Ligthelm
© 2012 Hillsong Music Publishing (APRA)

"I Surrender"
Words and Music by Matt Crocker
© 2011 Hillsong Music Publishing (APRA)

"Rhythms of Grace"
Words and Music by Chris Davenport & Dean Ussher
© 2010 Hillsong Music Publishing (APRA)

"Mighty to Save"
Words and Music by Ben Fielding & Reuben Morgan
© 2006 Hillsong Music Publishing (APRA)

"Captain"
Words and Music by Ben Hastings & Seth Simmons
© 2015 Hillsong Music Publishing (APRA)

"Cornerstone"
Words and Music by Jonas Myrin, Reuben Morgan & Eric Liljero
© 2011 Hillsong Music Publishing (APRA)

"Desert Song"
Words and Music by Brooke Ligertwood
© 2008 Sony/ATV Music Publishing Australia (somente Austrália & Nova Zelândia), Hillsong Music Publishing (APRA) (resto do mundo)

"From the Inside Out"
Words and Music by Joel Houston
© 2005 Hillsong Music Publishing (APRA)

"This I Believe (The Creed)"
Words and Music by Matt Crocker & Ben Fielding
© 2014 Hillsong Music Publishing (APRA)

"With Everything"
Words and Music by Joel Houston
© 2008 Hillsong Music Publishing (APRA)

"No Other Name"
Words and Music by Joel Houston & Jonas Myrin
© 2014 Hillsong Music Publishing (APRA)

"Anchor"
Words and Music by Ben Fielding & Dean Ussher
© 2012 Hillsong Music Publishing (APRA)

"All I Need Is You"
Words and Music by Marty Sampson
© 2004 Hillsong Music Publishing (APRA)

"None But Jesus"
Words and Music by Brooke Ligertwood
© 2005 Sony/ATV Music Publishing Australia (somente Austrália & Nova Zelândia), Hillsong Music Publishing (APRA) (resto do mundo)

"Hosanna"
Words and Music by Brooke Ligertwood
© 2006 Sony/ATV Music Publishing Australia (somente Austrália & Nova Zelândia), Hillsong Music Publishing (APRA) (resto do mundo)

"All Things New"
Words and Music by Ben Fielding & Dean Ussher
© 2014 Hillsong Music Publishing (APRA)

"Saviour King"
Words and Music by Mia Fieldes & Marty Sampson
© 2006 Hillsong Music Publishing (APRA)

"I Give You My Heart"
Words and Music by Reuben Morgan

"Glorious Ruins"
Words and Music by Matt Crocker & Joel Houston

"All Things New"
Words and Music by Ben Fielding & Dean Ussher

A Igreja que agora Vejo

A igreja que eu vejo é uma igreja global. Uma grande igreja, centrada em Cristo, fundamentada na Bíblia, que alcança e influencia o mundo, mudando formas de pensar e empoderando pessoas para que liderem e impactem em todas as áreas da vida.

Eu vejo uma família global: uma casa com muitos cômodos trabalhando com uma visão unificada. Eu vejo uma igreja apostólica em seu chamado, visionária em sua natureza; comprometida a corajosamente impactar milhares para Cristo em cidades relevantes e nações por toda a terra com a maior de todas as causas: a causa do nosso Senhor Jesus Cristo.

Vejo uma igreja que defende e incentiva a causa das igrejas locais em todos os lugares, encorajando-as a ser tudo o que Deus as chamou para ser. Uma igreja que recusa a se contentar com os triunfos do passado, mas está constantemente olhando para o futuro, com uma visão que inspira e influencia a muitos.

Posicionados no coração da cultura, em grandes e diversificados centros urbanos, vejo prédios que têm dificuldade de acolher o crescimento de tudo o que Deus está fazendo; ocupando territórios e lugares que são milagrosamente providos e impossíveis de se ignorar.

Eu vejo uma igreja que é grande o suficiente para sonhar em uma escala global, mas ainda assim pessoal o suficiente para que cada UM encontre o seu lugar. Vejo uma igreja que chama com um "Bem-Vindo a Casa" cada homem, mulher e criança que entra por suas portas.

A igreja que vejo é uma igreja adoradora cujas canções refletem tanta paixão por Cristo que muitos podem contemplar sua magnificência e poder. Um som distinto que flui de uma igreja saudável, contagiante em espírito, criando música que ressoa desde vilas e tribos até grandes cidades e nações.

Vejo uma igreja que está inovando constantemente; uma igreja que lidera na comunicação de uma mensagem eterna através da mídia, filmes e tecnologia. Uma igreja com uma mensagem que chega às pessoas do mundo todo através de suas telas de televisão, levando Jesus a casas, palácios e prisões igualmente.

Vejo uma igreja com um Centro de Formação de Líderes de padrão internacional, que levanta, equipa e empodera gerações de líderes jovens e ungidos de todo o mundo. Graduados que servem a Deus em todas as áreas da sociedade, chamados para ser sal da terra com ministérios e igrejas dinâmicas por todos os continentes do mundo.

Vejo uma igreja agraciada com camadas de líderes "únicos em sua geração", que são naturalmente talentosos, espiritualmente potentes e genuinamente humildes. Líderes que estão dispostos a pagar o preço para impactar cidades e nações com igrejas relevantes que glorificam a Deus.

Eu vejo uma igreja cuja liderança está unida em seu compromisso pela autenticidade, credibilidade e qualidade do seu coração. Líderes que ousam ser eles mesmos, mas ainda assim vivem na certeza de que "aquilo que eles fazem parte é maior do que o papel que desempenham".

Eu vejo uma igreja comprometida com uma rede inovadora que conecta centenas de milhares de pastores e líderes, e os equipa para florescerem. Uma rede comprometida com a unção de apostolado de líderes que são insaciáveis para ver a Igreja de Jesus Cristo se levantar e viver toda a vida que ela tem para viver... sua gloriosa Igreja.

Vejo igrejas com o mesmo espírito em cidades de influência, que são exemplos de fidelidade manifestados de forma sólida e concreta. Igrejas com uma provisão sobrenatural de prédios e propriedades que se levantam como faróis de luz que trazem glória a Deus e esperança para a humanidade.

Eu vejo uma igreja que ama a Deus, ama as pessoas e ama a vida. Jovem em espírito, generosa de coração, cheia de fé em sua confissão, amorosa por natureza e inclusiva nas suas expressões.

Sim, a igreja que eu vejo está comprometida a levar o amor e a esperança de Cristo para situações impossíveis, através da pregação do evangelho, e um mandato que nos impulsiona a fazer tudo o que podemos para trazer ajuda e solução a um mundo necessitado. Com Jesus como cabeça, o Espírito Santo como ajudador e cujo foco é a Grande Comissão.